AF361099

LE DIADÉME

DES SAGES.

LE DIADÈME

DES SAGES,

OU

DÉMONSTRATION

DE

LA NATURE INFÉRIEURE;

Dans lequel on trouvera une Analyse raisonnée du Livre des *Erreurs & de la Vérité*; une Dissertation étendue sur la Médecine Universelle, avec une Allégorie sur cette matiere, traduite de l'Original Anglois: la fausseté du systême du Sr MEYER sur l'*Acidum Pingue*, ainsi qu'un éclaircissement sur la *Végétation*, qui donnera des preuves suffisantes contre les erreurs qui se sont glissées à ce sujet.

PAR PHYLANTROPOS, Citoyen du Monde.

Fœlix qui potuit rerum cognoscere causas.

VIRGILE.

A PARIS,

Chez {
MÉRIGOT l'aîné, Libraire, Quai des Augustins, près la rue Dauphine;
LESCLAPART, Libraire, Pont Notre-Dame, à côté de S. Denis de la Chartre, à la Ste Famille.

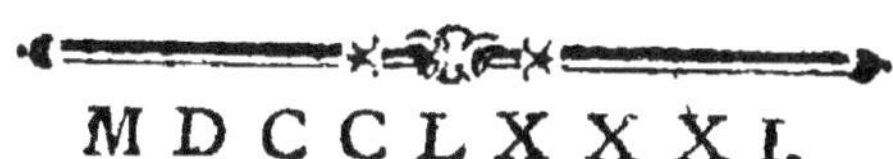

MDCCLXXXI.

Avec Approbation & Privilége du Roi.

PRÉFACE.

L'ESPRIT de l'Homme naît avec le desir de connoître la Nature ; celui qui desire d'y parvenir, doit en étudier les causes par les effets.

Peut-il en appercevoir trop tôt le mécanisme & la connoissance des regles qu'elle suit, pour ne pas approfondir les moyens d'en étudier les principes ? Il se livre, au contraire, à toutes les erreurs

A 3

populaires , fufceptibles de tout le faux merveilleux , & de toutes les charlataneries dont on fe fert pour le tromper.

Il ne s'occupe en général que de ce qui eft autour de lui; foible reffource pour connoître la nature de fon être ! Il eft vrai que la connoiffance n'en eft pas aifée , & ce que je me propofe de démontrer eft d'une fi prodigieufe étendue ! Cette fcience a bien des degrés ; l'efprit le plus pénétrant ne peut fe flatter d'arriver au dernier ; mais la raifon est très-susceptible des premiers.

Je ne me flatte pas d'être monté jusqu'au dernier, mais de mettre le Lecteur à portée de pouvoir raisonner sur les choses difficiles, & saisir les conséquences.

La vérité persuade, sans avoir besoin de paroître avec toutes les preuves; ce qui m'a engagé de démontrer l'évidence d'un Dieu par notre propre existence; l'immortalité de l'ame, par des raisonnemens simples, & à la portée de tout le monde; une démonstration de la Nature inférieure, ou Tableau Microcosmique, avec une Dissertation intéressante sur la *Médecine Universelle*, ainsi qu'une notion curieuse sur les nombres mystérieux de Trois & de Sept, consacrés dans l'antiquité au silence d'Harpocrate.

J'y ai ajouté quelques remarques sur l'*Acidum pingue* du Sr Meyer, par lesquelles on verra la fausseté de son système ; avec un ample Discours sur la *Végétation*, pour faire connoître les erreurs où l'on étoit jufqu'à préfent que les engrais ou les fels en étoient le principe, & démontrer en même-tems, contre le fentiment de l'Auteur du Livre des *Erreurs & de la Vérité*, que *l'eau* eft le *menftrue* des corps ; & non la *terre*, comme on pourra le voir dans ledit Article.

Si l'on ne trouve pas dans ce Traité une élégance & pureté de ftyle, c'eft que j'écris dans une Langue qui m'eft étrangere.

Je fuis habitant de la campagne, où je me délaffe,

comme un autre Démocrite,
à contempler la Nature, &
à feuilleter quelques Livres;
j'ai lu celui des *Erreurs & de
la Vérité*, par un Philosophe
inconnu, dont je respecte le
génie & l'éloquence; mais
plus je le respecte, plus je
suis persuadé qu'il en auroit
corrigé quelques articles, s'il
les eût examinés avec plus
d'attention ; & quoi qu'il
veuille nous faire entrevoir
que c'est un mets de la table
des Dieux, j'ose assurer que
son système est faux dans certains points. Je ne m'amuse-

rai pas à faire l'analyse du Livre en entier ; mais de certains articles qui paroiſſent eſſentiels.

Pour ſuivre l'Auteur au ſujet de la Médecine Univerſelle, j'ai voulu donner un peu d'étendue à cette matiere, afin de lui prouver en racourci ſon éloignement ſur cet objet.

J'ai ajouté, à la fin de mon Traité, une allégorie ſur cette matiere, traduite de l'Original Anglois, qui n'a jamais été traduit, ni copié, dans lequel on trouvera fucilement, avec un peu d'attention, les détours du labyrinthe de Dédale, avec la clef de tout l'Ouvrage.

AVANT-PROPOS.

LES opérations de la Nature
font fimples, & les fyftêmes des
Phyficiens font compliqués : comment peuvent-ils être d'accord ?
C'eft cependant de la vérité des
fpéculations, & des expériences
des Savans, que l'humanité peut
retirer les plus grands fecours.
L'Homme a befoin d'alimens, la
térre les produit, plus ou moins,
à proportion de fes foins ; peut-
il trop approfondir les principes
d'une production fi néceffaire ?
Quelle fcience exige plus fon at-

tention , que celle d'où dépend fon exiftence ? C'eft fans doute à une idée fi conforme au bien général , que nous devons ce grand nombre d'Ouvrages , depuis Hypocrate , fur la Médecine ; mais quel fruit en a-t-on retiré ? Les uns ont cherché mille ftratagêmes propres à l'embrouiller dans fon principe, les autres mille moyens à développer fon mécanifme ; fans fe foucier fi les loix de la Nature pouvoient fe foumettre à leur hypothefe.

Quant aux autres fyftêmes qui ont paru , aucun n'a pu réfoudre les difficultés, ni expliquer les phénomenes des maladies; ils sont allés par différentes routes à des erreurs différentes qui ont encore l'honneur de passer pour des axiomes : ce n'est qu'en remontant à la source, qu'on est assuré de rencontrer la Nature, de pouvoir suivre sa marche, de remplir ses vues & ses indications ; voilà précisément ce que n'ont pas fait les Médecins, depuis ce grand homme. Ainsi peu satisfait de tant de recherches, & de tant d'opinions différentes, j'ai cru que le raisonnement seul n'étoit pas suffisant dans un fyftême dont la Nature peut, à chaque inftant, nous fournir de nouvelles preuves ; je me fuis occupé à obferver. toutes les variétés, pour m'affurer de la vérité ; j'ai parcouru avec foin les Auteurs qui l'ont eue pour guide, & fi je préfente mon fyftême avec tant de confiance, c'eft parce que je crois avoir pour moi la Nature.

LE DIADÊME

DES SAGES,

OU

DÉMONSTRATION

DE

LA NATURE INFÉRIEURE.

PRINCIPES

Et Causes de la Nature.

PAR la Nature, on entend le Monde entier, composé du ciel & de la terre, & de tout ce qui en dépend; c'est-là l'objet de la vraie Philosophie, & ce qu'un Physicien doit savoir ; & puisque savoir est connoître les choses par leur cause & leurs principes, il

eſt certain que tout le ſoin d'un Phyſicien doit être de rechercher les cauſes
& les principes de la Nature , de tout
ce qui ſe paſſe dans le monde.

Je n'examine pas ici s'il y a quelque
différence entre cauſe & principe ,
car je crois que tout ce qui eſt principe
eſt cauſe en ſa maniere de ce dont il
eſt le principe ; perſonne ne doute que
tout ce qui eſt cauſe ne ſoit principe.

Le rapport & la liaiſon de la cauſe
& de l'effet ne permettent pas que l'on
donne une véritable notion de la cauſe
ſans y comprendre l'effet.

La plus noble des cauſes , ſelon les
Philoſophes , ſe nomme *efficiente* ,
puiſqu'à parler proprement , c'eſt elle
ſeule qui a un effet , quoique cela ſe
faſſe en des manieres différentes.

Si cette cauſe agit par une vertu qui
lui ſoit propre , on l'appélle *cauſe prin-*
cipale ; ſi elle n'opere que par la vertu
& par l'impreſſion d'un autre , c'eſt
une *cauſe inſtrumentale.*

On diftingue auffi la *caufe univerfelle*, qui produit plufieurs effets.

Enfin, l'on fait une jufte différence de la *caufe premiere*, qui eft l'Auteur de la Nature, & de la Nature créée, qui comprend les *caufes fecondes*, qui font toutes les créatures.

On remarque auffi dans la *caufe efficiente*, qui eft en acte, plufieurs chofes inféparables qui font de la nature de l'agent, qui eft la caufe, la vertu qui la fait agir, l'action qui intervient, l'effet qui eft produit & le fujet duquel, fur lequel, ou dans lequel il eft produit.

DU PREMIER PRINCIPE.

L'EXISTENCE d'une caufe premiere, ou d'un premier principe, eft fi évidente & fi néceffaire, qu'on doit la fuppofer comme une vérité qui fe fait connoître par elle-même, & qui ne fouffre aucune difficulté, comme je crois le démontrer.

Je suppose, pour cet effet, une vérité connue de tout le monde, que personne ne peut contester sans passer pour ridicule ou insensé.

Cette vérité, qui me servira de principe pour prouver l'existence d'une premiere cause, se tire de notre propre existence : il n'y a rien de si évident & de si certain que ce fait ; savoir, que nous sommes au monde. Le témoignage de nos sens atteste cette vérité ; ce que nous pensons, ce que nous disons & ce que nous faisons, ne nous permet pas de croire que notre existence est une illusion. Il est donc certain, & plus qu'evident que nous sommes au monde : or, nous ne pouvons pas y être de nous-mêmes, & par nous-mêmes, ni par hazard & fortuitement, ni par nécessité d'être ; il faut donc que nous y soyions par le moyen & par le bienfait de quelqu'autre qui a été l'auteur & le principe libre de l'être que nous possédons. Voilà

donc la première caufe que quelques-
uns ont voulu nier , bien établie fur la
vérité de notre être.

Ariftote , qui enfeigne l'éternité du
monde , l'immortalité des ames, admet
un infini actuel dans la Nature : fi le
monde eft éternel , il n'a point eu de
commencement ; cette premiere caufe
eft inutile , voilà une contradiction ,
puifque la même raifon qui prouve le
commencement du monde , prouve
l'exiftence d'une caufe premiere ; & la
même , qui prouve cette exiftence ,
fait voir que le monde a commencé
d'être , & qu'il n'eft pas éternel.

L'oppofition & le rapport qui eft
néceffairement entre le principe qui
agit , & le fujet fur lequel il agit , y
apportent une diftinction néceffaire.

Ces preuves paroiffent affez con-
vaincantes pour ceux qui ont quelque
lumiere de la raifon ; & ce feroit une
penfée ridicule de dire que nous fommes les caufes de notre être , puifqu'il

s'enfuivroit que nous aurions été avant que d'être, que nous nous ferions donné ce que nous n'avions pas, & que la caufe & l'effet ne feroient qu'une même chofe ; ce qui eft impoffible.

Ceux qui font perfuadés de l'exiftence d'une premiere caufe, font obligés de lui attribuer toutes les perfections poffibles dans toute l'étendue de l'être ; elle eft donc non-feulement la plus noble & la plus parfaite caufe, mais elle doit être néceffairement infinie dans fon être ; elle doit par conféquent affembler dans l'unité toutes les qualités & toutes les perfections de tous les effets qu'elle a produits, ou qu'elle peut produire ; car, une caufe doit néceffairement poff'éder toutes les perfections des êtres qu'elle a produits, ou qu'elle peut produire, autrement elle donneroit, ou pourroit donner ce qu'elle n'a pas, ni ne peut avoir.

La premiere caufe ne feroit pas ab-

folument parfaite, fi elle n'étoit éter-
nelle, parce qu'elle auroit eu un commencement, & pourroit avoir une fin ;
& par cette raifon elle ne feroit pas
caufe premiere, ayant reçu l'être d'un
autre qui l'auroit dévancé en exiftence ; & par conféquent cette caufe que
nous fuppofons la premiere, fera caufe
feconde, fera limitée dans fon être &
dans fes perfections, comme dans fa
durée, & fe trouvera dépendre d'une
autre : quoiqu'en fuppofant qu'elle eft
la premiere, toutes les autres dépendent d'elle, & lui font fubordonnées ;
donc il eft évident que la qualité de
caufe premiere eft inféparable de l'in-
dépendance, de l'éternité, de l'infinité
& de l'autorité fouveraine, & qu'on
ne peut reconnoître une caufe premiere fans avouer l'exiftence d'un
Dieu.

Si la caufe premiere a été libre dans
la création du monde, il s'enfuit que
toutes chofes ont été faites par raifon,

& par intelligence , & par conféquent
fur quelqu'idée & fur quelque modele :
mais parce que la caufe premiere agit
d'une maniere indépendante , elle n'a
pu prendre aucun modele de fes productions hors de lui-même , ni travailler fur une , diftincte de fon être;
ainfi , Dieu n'eft pas feulement la caufe
premiere efficiente , mais auffi la caufe exemplaire de toutes chofes.

Sur ce même principe , on doit dire
que cette caufe premiere , qui eft
Dieu , eft la caufe finale de toutes
chofes , parce qu'ayant produit le monde , comme caufe libre & intelligente ,
il s'eft propofé une fin proportionnée à
fa dignité , c'eft-à-dire foi-même & fa
propre gloire. Ainfi la caufe premiere
eft néceffairement la fin derniere de
fes productions.

DÉMONSTRATION

DÉMONSTRATION

De la Nature inférieure dans l'Analyse de l'Univers.

MOYSE, dans sa narration sur la création du monde, nous fait appercevoir qu'il a parlé par inspiration divine.

On ne peut rien dire au-dessus de ce mot *fiat*, que la lumiere soit faite ; la seule volonté du Créateur fait sa puissance, par ce mot seul la lumiere paroît, & est séparée des ténebres ; Dieu n'a qu'à vouloir, pour que tout soit fait, rien ne sauroit nous fournir aucune similitude qui répondît à ce point invisible & infini.

Toutefois si l'homme, par les choses créées, & par son ame intellectuelle peut s'approcher jusqu'au Créateur, je pourrai faire voir que l'hom-

B

me, éclairé par le Pere des lumieres, peut tout, excepté la création.

Nos sens ne sont que les ministres de l'ame; placée, en quelque sorte, dans un Sanctuaire auguste, elle reçoit leurs avis, & se sert d'eux pour tout assujetir. Jusqu'où ne s'étend pas l'empire de l'ame ? à sa voix la toile s'anime, le marbre & le bronze respirent, la terre retentit de concerts ; tout prend une face nouvelle. Les animaux entendent cette voix, & lui obéissent ; les uns, malgré l'énormité de leur masse, viennent avec docilité offrir les services à l'Homme ; l'éléphant se prosterne à ses pieds ; les autres, saisis de crainte, cherchent vainement un asyle dans l'épaisseur des forêts, & dans l'obscurité des antres les plus profonds. L'oiseau qui fend les airs, tombe ; l'agilité des animaux qui courent sur la terre, ne leur est d'aucun secours contre le trait qui les poursuit ; & les gouffres de la mer n'en mettent

pas à l'abri l'immenfe baleine. C'eft
encore trop peu ; l'ame commande
aux élémens, & les élémens lui obéif-
fent ; l'activité du feu fond les métaux
les plus durs ; les vents , foumis à des
loix, deviennent utiles ; les eaux , oubliant leur pente naturelle , s'élancent
dans les airs ; les montagnes fe cour-
bent ; les fleuves deviennent dociles ,
& la mer reçoit des barrieres ; les rochers les plus durs fe façonnent fous
le cizeau ; les arbres gémiffent , &
tombent fous les coups redoublés de
la hache ; les uns & les autres travail-
lés , defcendent des montagnes , s'u-
niffent , & vont former des Palais &
des Cités : tel eft enfin l'empire de
l'ame humaine fur tout l'ordre phyfique ; elle lance des vaiffeaux fur la
furface des mers ; & l'immenfité de
l'océan, qui divifoit les peuples, ne
fert plus qu'à les unir.

Quelle eft

la puissance ne paroît point avoir de
bornes ? Si nous consultons les Philosophes les plus sages de l'antiquité sur sa
nature ; les uns disent que c'est un
Dieu, les autres disent qu'elle est une
partie de la Divinité. Qu'ils se taisent
ces hommes toujours prêts à décider.
Il n'appartient qu'à vous, ô Sagesse
souveraine, de nous instruire ! Qu'il
est consolant pour les disciples de la
vérité, de voir que tous les phénomenes sensibles vont se ranger, comme
d'eux-mêmes, autour des divins ora-
cles ! Ainsi nous voyons de nos yeux,
nous touchons en quelque sorte, par une
expérience journaliere, l'accomplisse-
ment de cette parole toute-puissante :

« Faisons l'Homme à notre image &
» ressemblance, qu'il commande aux
» poissons de la mer, aux oiseaux qui
» volent dans les airs, à la terre en-
» tiere ; & que tout jusqu'aux reptiles,
» qui ont la vie & le mouvement, lui
» soient assujettis ».

D'où proviendroit un empire si ab-
solu ? ce n'est pas de la grandeur & de
la force de son corps, un foible enfant
assujettit les plus grands animaux. La
supériorité de l'Homme vient donc de
ce souffle de vie inspiré de la bouche
de Dieu même : c'est l'ame intelligente, image de l'Esprit Incréé, qui commande à la matiere. Grande & importante vérité que nous trouvons gravée
au-dedans de nous, avec des traits de
lumiere, que la soumission de ce qui
est au-tour de nous, nous apprend ;
que la Nature entiere, en fournissant
à nos besoins, nous enseigne.

Partant de ce principe, que l'Homme ne commande à ce qui est sur la
terre, & qu'il n'exerce un empire si
étendu sur les autres êtres, que parce
que son ame, portion la plus noble de
lui-même, a été à l'image du Tout-
Puissant ; il s'ensuit, avec la derniere
évidence, que cet être limité, mais
élévé si haut, doit se rapporter à l'Au-

teur de son élévation & de son être ;
que ce rapport est un rapport de dépendance ; que la dépendance traîne à
sa suite des devoirs ; que les devoirs
demandent de la contrainte, & que la
contrainte, pour être surmontée exige
des vertus. Or, quoique la vertu soit
notre premier devoir, elle n'est pas
le premier de nos penchans : quoiqu'elle nous conduise au bonheur, on
trouve néanmoins en elle, au milieu
des traits les plus augustes & les plus
aimables, je ne sais quoi de grave & de
sévere, qui effarouche & qui révolte
les passions. A la suite des passions,
marchent la bassesse & l'avilissement :
en conséquence on voudroit être moins
grand, & être plus libre. On en vient
jusqu'à préférer l'esclavage à la royau-
té ; & pour justifier à ses yeux l'état
indigne où l'on croupit, on brise les
titres de sa noblesse : on ne rougit pas
de se confondre avec les animaux les
plus vils, parce qu'on veut mener une
vie animale.

Telle est la véritable origine de ces théories grossieres, où l'on entreprend d'expliquer la supériorité de l'Homme sur les animaux, sans avoir besoin de recourir à la libéralité du Créateur, qui nous a si fort élévés, par une ame intelligente & immortelle au - dessus des autres créatures. Qui le croiroit ! des Hommes qui se glorifient du nom de Sages, n'ont pas honte d'être les échos d'un Anaxagore, qui, passant d'une opinion à l'autre, finit par l'A- theïsme, & le doute universel.

De l'union de l'Ame avec le Corps.

Quoique les attributs divers se manifestent dans chaque partie de l'u- nivers, dans leur dépendance mutuelle, & dans leur accord ; toutefois, il faut l'avouer, c'est sur-tout dans l'union de l'ame & du corps humain que ces at- tributs brillent avec un plus grand éclat ; puisque c'est par cette action que tout l'ordre physique parvient à son unique fin, à la gloire de son Auteur. C'est par elle que l'univers entier répond aux vues de celui qui l'a tiré du néant. En effet, plus ce tout sensible est immense & magnifique, plus il offriroit quelque chose de fastueux & d'inutile, si l'Homme n'y eût été placé. A quoi eût abouti la grandeur & la pompe de ce Temple, s'il fût demeuré sans Pontife ?

Il n'appartenoit qu'à une Sagesse infinie de faire entrer dans un culte de reconnoissance & d'amour, des êtres incapables d'amour & de sentiment. Ce plan, au-dessus de toute intelligence créée, fut exécuté au jour à jamais mémorable de la formation de l'Homme. Ce fut dans cette créature nouvelle, que les dons des cieux & de la terre, allant se réunir, la matiere inactive par elle-même, entra en participation du culte & des adorations que l'Homme s'empressa de rendre à l'Etre Suprême. Les hymnes de

louange , que la langue prononça ,
furent comme la voix de la Nature entiere. Le Créateur inclina l'oreille à
cette voix , & ſes yeux ſe tournerent
ſur l'Univers , avec une complaiſance
nouvelle.

L'union de l'ame & de la matiere ,
qui ne pouvoit avoir été concertée
que par une Sageſſe ſans bornes , exigeoit , pour être opérée , une puiſſance infinie. Il falloit avoir tiré du
néant ces ſubſtances , pour pouvoir
exercer ſur elles un empire ſi abſolu ,
& les barrieres que chacune oppoſoit
à leur union mutuelle , étoient inſur-
montables à toute autre main qu'à celle
à qui rien ne réſiſte.

Cette opération de la Toute-Puiſ-
ſance , ſi admirable par elle-même , a
d'ailleurs de quoi nous intéreſſer infiniment ; puiſque c'eſt par elle que
nous ſommes , & que nous reſpirons.
Si la continuité , qui devroit nous la
rendre , & plus chere & plus admira-

ble, l'avilit en quelque forte à nos
yeux ; c'eft parce que nous fommes
auffi diftraits qu'ingrats. Nous fommes
nous - mêmes les monumens les plus
fenfibles de la fageffe, de la puiffance
& de la bonté divine ; ce n'eft toutefois qu'avec peine que nous nous rap-
pellons le fouvenir de Dieu , & de
fes bienfaits.

Tout nous parle au-dedans de nous-
même de fon action bienfaifante , &
de l'élévation où ce Pere, plein de
tendreffe , a voulu nous placer. L'u-
nion des fubftances , dont nous fommes compofés , a été formée avec un
art fi merveilleux , que quoiqu'elle
foit fi intime , on ne fauroit en imaginer une pareille ; cependant la fouveraine Sageffe , dont elle eft l'ouvrage , a comme tiré entre les fubftances
qui compofent l'Homme, des lignes de
féparation fi fenfibles , que pour le
confondre , il faut qu'il s'aveugle lui-
même de la maniere la plus groffiere.

Ce font ces lignes de féparation, &
des traces vifibles d'une action conf-
tante de la Divinité qui fe manifeftent
dans nos fenfations , que nous allons
démontrer.

B 6

TABLEAU

MICROCOSMIQUE.

J'AI démontré ci-devant que nos sens étoient les miniſtres de l'ame, & que Dieu avoit donné à l'Homme l'empire ſur tout ce qui exiſte ſur la terre; maintenant je vais démontrer pourquoi il a été nommé *Microcoſme.*

Dieu, par la création du monde, ne crut pas que c'étoit aſſez d'avoir fait de ſi belles choſes, il voulut y mettre le ſceau de ſa Divinité, & ſe manifeſter encore plus parfaitement, par la formation de l'Homme ; il le fit, pour cet effet à ſon image (*a*), & à celle du monde ; il lui donna une

____

(*a*) Pernetti, Fables Egyptiennes, Tome I, page 63.

ame, un esprit & un corps (*a*); & de ces trois chofes réunies, il en conftitua l'humanité ; il compofa le corps du limon (*b*) extrait de la plus pure fubftance de tous les corps créés ; il tira fon efprit de tout ce qu'il y avoit de plus parfait dans la Nature, & lui donna une ame faite à fon image.

Le corps repréfente le monde fublunaire compofé de terre & d'eau ; c'eft pour cela qu'il eft compofé de fec & d'humide.

L'efprit, infiniment plus fubtil, tient comme le milieu entre l'ame & le corps, & leur fert comme de lien.

C'eft lui qui par fa vertu ignée vivi-

(*a*) S. Paul aux Theffeloniciens, Ep. 1re, ch. v, & aux Hébreux, ch. iv.

S. Mathieu, ch. 22, v. 37.

Deutéronome, ch. 6, v. 5.

S. Marc, ch. 12, v. 30.

S. Luc, ch. 10, v. 27.

(*b*) Pernetti, Fables Egyptiennes, Tome I, page 64.

fie & meut le corps, fous la conduite de l'ame, dont il eſt le miniſtre.

L'ame enfin eſt l'image de Dieu-même, & le flambeau de l'Homme.

Si peu qu'un Homme fenfé fe réplie fur lui-même, il reconnoîtra bien-tôt les trois principes de fon humanité, réellement diſtincts & réunis dans un feul individu. Dieu a donc créé l'Homme à fon image, & l'a formé comme l'abregé de tous fes ouvrages, le plus parfait des êtres corporels ; auffi il avoit dit, dans tous fes ouvrages, *fiat*, que cela foit fait : & en faifant l'Homme, il a dit : *Faifons l'Homme à notre image* ; c'eſt-à-dire, il a fait le tout en grand, avant d'en faire l'abregé. C'eſt avec raifon qu'il eſt appellé *Microcofme*, il eſt le centre où tout aboutit, il renferme la quinteſſence de tout l'univers, il participe aux vertus & aux propriétés de tous les individus.

Le créateur a renfermé dans lui,

comme dans une boëte de Pandore, tous les dons & les vertus des chofes fupérieures & inférieures , comme n'ayant qu'une même fource , & même matiere pour principe.

Les os qui font fous fon enveloppe font comparés aux montagnes ; la chair eft prife pour la terre , les grandes veines pour les grands fleuves, les petites pour les petits qui fe déchargent dans les grands ; la veffie eft la mer où fe déchargent les grands & les petits fleuves. Les cheveux font comparés aux herbes qui croiffent , la bouche lui fert de pole arctique , le ventre de pole antartique ; au lieu d'un feu il a un fang très-pur.

Le cœur, dans lequel eft le feu central , qui lui fert comme de Roi, fe rapporte au foleil du grand monde ; la lune fe rapporte à la tête , la rate à Saturne , le foye à Jupiter , le fiel à Mars, les reins à Vénus, le poumon à Mercure , & ainfi des autres membres qui ont tous une correspondance avec les corps célestes.

LE ZODIAQUE.

LA tête de l'Homme est attribuée au Bélier, le cou au Taureau, les bras aux Gémeaux, l'estomac au Cancer, le cœur au Lyon, le ventre à la Vierge, le milieu du corps à la Balance, des parties naturelles aux genoux, au Sagittaire, les genoux au Capricorne, les jambes au Verseur d'eau, & les pieds aux Poissons ; enfin l'Homme est regardé comme le monde en mignature.

L'on voit, par le détail ci-dessus, que toute la machine du monde ne compose qu'un corps dont toutes les parties sont liées par des milieux qui participent des extrêmes, ce lien est caché, ce nœud est secret, mais il n'est pas moins réel.

Le corps de l'Homme tire sa nourriture de la plus pure substance des trois

regnes de la Nature, qui paſſent ſuc-
ceſſivement de l'un dans l'autre, parce
qu'il en eſt la fin, le complement &
l'abregé : ayant été fait de terre &
d'eau, il ne peut ſe nourrir que d'une
matiere analogue, c'eſt-à-dire d'eau &
de terre, & ne peut manquer de s'y
réſoudre.

L'eſprit ſe nourrit de l'eſprit de l'u-
nivers, & de la quinteſſence de ce qui
le conſtitue.

L'ame enfin de l'Homme s'entretient de la lumiere divine dont elle tire
ſon origine.

L'Homme étant donc l'abregé de
toute la Nature, doit apprendre à ſe
connoître, comme étant le précis & le
raccourci d'icelle.

Par ſa partie ſpirituelle, il participe
à toutes les créatures immortelles, &
par ſa partie matérielle, à tout ce
qui eſt caduque dans l'univers.

Il eſt conſtant que le petit monde
eſt fabriqué à l'exemple du grand

monde, & que Dieu a introduit à ce dernier un esprit de vie universel, qui environne l'univers ; cela étant reçu, la même chose doit se rencontrer au petit monde ; tellement que la connoissance des deux donne celle de tout l'univers, & de la nature des choses ; car de la connoissance du monde sensible, nous venons à celle du Créateur (a) ; & quiconque ne viendra pas à la connoissance du principiant par celle du principié, sera dans des perpétuelles ténébres.

Il est vrai que celui qui n'aura pas la connoissance des choses corruptibles, n'arrivera jamais à celles des permanentes. Ce que semble dire l'Apôtre Saint Paul aux Romains, Chapitre premier, que les choses invisibles de Dieu se rendent manifestes & visibles à

______

(a) *Per creaturam creator intelligitur*, dit S. Augustin.

la créature par celles qui ont été faites
de lui.

C'eſt pourquoi Saint Chryſoſtome,
ſur la Géneſe, dit « qu'il faut de la
» contemplation des créatures monter
» & parvenir au Créateur ; & que
» ceux-la , dit-il , ſont bien ignorans
» & dépourvus d'entendement qui ,
» des créatures , ne peuvent atteindre
» à la connoiſſance du Créateur ».

Après ce qui a été dit ci-deſſus, que
l'Homme eſt l'harmonie du grand &
petit monde ; il faut donc avoir recours
aux biens de l'un pour réparer l'autre.

Si cet eſprit univerſel vivifie, nourrit & maintient par une irrigation continuelle de la liqueur vitale & végéta-
tive, l'être & la vie de tous les compoſés élémentaires leur donnant les
vertus, les forces & les propriétés ; il
aſſemble & lie les deux extrêmes , forme & matiere , qui par leurs actions
contraires ſeroient dans une mortelle
ſiccité

Les raisons alléguées ci-deſſus, démontreront que l'Homme ſymboliſe, par ſon ame intellectuelle, au monde céleſte, repréſentant en lui l'image de la Divinité, pourquoi le Sage connoît l'Unité en la Trinité, & l'adore, puis il communique aux mortels la puiſſance qu'il a reçue du Créateur.

R E M A R Q U E S

Sur l'Acidum Pingue *du S Meyer.*

En considérant de près la sépara-
tion des eaux inférieures avec les su-
périeures (*a*), nous avons lieu de
croire que ces eaux n'étoient qu'une
vapeur aqueuse, ou une ténébreuse
humidité ; car si entre toutes les subs-
tances créées, la seule humidité est un
sujet capable de recevoir toutes les
formes, elle peut être, par conséquent, le sujet sur lequel a roulé tout
l'ouvrage de la création.

Ce chaos ténébreux étant, informe
& une masse confuse propre à toutes
les formes, & indifférente pour toutes, devoit nécessairement avoir l'essence d'une vapeur humide.

On remarque toujours que dans

(*a*) Gen. ch. pr. v. 6.

toutes les productions du monde infé-
rieur, les fpermes font revêtus d'une
humeur aqueufe, & que les femences
des végétaux étant jettées en terre,
pour y être réincrudées, fe réduifent
en humidité mucilagineufe, & il ne fe
fait point de génération en quelque
regne que ce foit, qu'auparavant les
fpermes ne foient réduits en leur premiere matiere, vrai chaos, que le Philofophe doit parfaitement connoître.

L'on voit par-là que cette matiere
aqueufe, ou vapeur ténébreufe, a été
fans doute la premiere matiere de cette
maffe informe, & de cet embryon du
monde, qui devoit fervir de bafe &
de fondement à toutes les générations.

La premiere matiere eft double ;
c'eft-à-dire foufre & mercure (non
les vulgaires), qui eft une humidité
de l'air mêlée avec chaleur, & cette
humidité a été nommée par les Philofophes, *humide radical ou mercure des
corps.*

Voilà le vrai *acidum pingue* que Meyer a cru faire voir , comme un cauſtique que l'on peut trouver , ſelon lui , dans la chaux , ou autres pierres calcaires , c'eſt-à-dire , un cauſtique par excellence. Je ſoutiens le contraire , & qu'on ne pourra jamais trouver dans une choſe morte ; l'*acidum pingue* n'eſt point cauſtique , au contraire , il eſt benin , c'eſt l'ame de la Nature , le feu joint à l'humidité , qui eſt le principe de vie de tous les mixtes , c'eſt la forme informant jointe avec la matiere , l'agent & le patient de la Nature , l'actif & le paſſif ; enfin c'eſt la premiere matiere de tous les corps créés , par conſéquent un eſprit de vie , qui ne peut ſe trouver que dans les corps vivans & animés ; qui ſeroit , au contraire , deſtructif , s'il étoit cauſtique , parce que tout cauſtique porte avec lui la deſtruction de tous les compoſés. Pour ſi peu qu'un Phyſicien veuille étudier la Nature , avec un peu d'attention, il verra que les trois regnes qui la composent sont sujets à des changemens & à des viciffitudes, surtout dans le regne animal & vegétal, qu'ils sont sujets à corruption, & que cette corruption est une nouvelle vie, qui ne peut se reproduire qu'en revenant au principe, qui est la premiere matiere, par la réincrudation que cette premiere matiere est très-mucilagineuse, comme je l'ai démontré ci-deffus, & que nous le remarquons à toutes les femences que l'on met en terre.

L'art, aidé par la Nature, le démontre affez dans le regne animal ; & dans le regne minéral l'on trouve que le mercure, mêlé avec le soufre, est cette premiere matiere si recherchée des Savans, & qui n'est apperçue que des vrais Philofophes, eux seuls en ont la clef. Voilà le vrai *acidum pingue* qu'on ne pourra jamais trouver dans des corps qui ont souffert la violence du feu, parçe qu'on ne peut trouver une chofe

chofe vivante dans aucun corps qui
aura paffé par la corrofion ou la fufion ; la Nature ne violente rien , comme l'art le fait par la Chymie.

Nous voulons diffoudre , nous ne
faifons que féparer les parties ; la Nature fait le contraire ; elle n'a que deux
objets , diffoudre & coaguler , féparer
le pur de l'impur , ne s'affimile qu'a-
vec les parties homogenes , & rejette
celles qui lui font hétérogenes ; au lieu
que l'art mêle les unes & les autres ,
fans diftinction & connoiffance de caufe. L'on ne peut appeller diffolution
que ce qui eft de la même nature ; car
l'eau régale ne diffout pas l'or, ne fait
qu'en féparer les parties, ne pouvant
fe les rendre femblables, n'étant point
de la même nature , étant deux corps
oppofés. J'appelle diffolution , deux
corps femblables, ou du même genre,
comme la glace dans l'eau chaude , le
fel fondu dans l'eau , &c. parce que
ces corps étant homogenes, s'affimi-

lent entr'eux, & font voir une vraie diffolution.

Si MM. les Phyficiens euffent bien fait attention à la génération des mixtes, ils n'auroient pas eu tant de peine à trouver dans leur production de quoi fe fatisfaire fur la nature de cet *acidum pingue* fi longtems recherché ; ils auroient reconnu l'erreur où ils ont été jufqu'à préfent.

DISSERTATION

Intéressante au sujet de la Médecine
Universelle.

JE ne doute point que les Philosophes
Hermétiques ; qui sont dans le secret
spagirique , ne s'élevent contre moi,
de parler avec trop de clarté ; en
effet, ils auroient raison, si l'honneur
de Dieu , & l'utilité du prochain n'a-
voient pas plus d'autorité que leur con-
sidération particuliere ; ce n'est qu'aux
Enfants de Doctrine , que j'adresse la
parole , que j'ouvre aujourd'hui les
secrets de la Philosophie occulte , pour
y faire voir à l'œil , & toucher au
doigt, la véritable interprétation des
écrits des Sages , desquels les habitans
de la montagne chymique se sont servis
pour cacher leur Terre aux impies ennemis jurés de Dieu , & des doctes
nourrissons de la Nature ; & par ce

moyen ayant découvert la verité de cet art , vous confesserez qu'il est licite , utille, honnête & vertueux , car *David, Salomon , Esdras* nous en rendent témoignage.

Or , si les Rois prophanes & sacrés ont eu connoissance de la Médecine , les saints Personnages ne l'ont pas ignorée. Saint Thomas l'a pratiquée ; il est tellement utile d'en connoître le principe , que j'ose dire , que sans lui , notre vie n'est qu'une mort , notre repos , un tourment ; notre calme , une mer orageuse agitée des flots écumeux de toutes sortes de miséres ; car outre que Dieu , par ce moyen , nous rend possesseurs d'une source de biens , & d'une santé non défaillante , il nous donne encore la science & la sagesse , avec la clef pour ouvrir le cabinet de la Nature , & nous rendre possesseurs de ses effets les plus cachés. C'est pourquoi on peut dire , avec vérité , que tous les arts ont puisé de celui-ci tous les modéles, comme les plus grands Sculpteurs tiroient les meilleurs traits & linéamens, pour leurs ouvrages, de la seule statue de Policlitus. Tellement qu'étant possesseur de cette science, notre vie est environnée de murailles si fortes, que nous pouvons dire hardiment: viennent les maladies, la pauvreté; viennent les chagrins, les soucis & les pertes, elles ne feront aucune breche à cette citadelle; laquelle étant toujours à l'épreuve de toutes les tempêtes & bourasques de la mer, de tous les accidens de la terre, des changemens des airs, & des influences célestes, en brave tous les effets; tellement qu'on n'aspire, après le comble de tout ce qu'on peut souhaiter sur la terre, à autre chose qu'au bonheur éternel, lequel est la jouissance du Créateur de toutes choses; & pour parvenir à un si grand bien, plusieurs personnes, de toutes qualités & conditions, se sont opiniâtrées à la recher-

.che de la *poudre* qu'on appelle de *projection* ou *transmutation*, sans en connoître la matiere, ni la façon de la mener à sa perfection; aussi plusieurs d'entr'eux, trompés dans leur boussole, faisant ancre à toutes eaux, agités du vent de leurs erreurs, se sont détournés du vrai chemin de *Colchos*, navigeant au golfe de leur évidente ruine : car c'est un axiome très-véritable, que, *qui ne sait ce qu'il cherche, ne sait ce qu'il trouvera.*

Combien de maisons perdues ! combien de sommes dépensées par ces souffleurs chimériques ! Faites donc, beaux & rares esprits, provision de la grace du Tout-Puissant, & puis vous irez, chers nourrissons de la Nature, goûter le doucereux nectar cueilli dans les jardins d'icelle, en vous armant *de fide & taciturnitate* ; & ayant ouvert le cachot d'Hyppocrate, descendu dans le puits de Démocrite, & dévoilé la nuit d'Orphée, vous rencontrerez le cin-

quième élément intérieur , propre à la
seule essence des corps , unique fondement de tout individu , qui a été
nommé *multiforme*, ayant toutes sortes
de noms. Ils l'ont appellé *Mercure*,
parce qu'il s'accommode à tout ; cet
esprit vital se *métallise* , se *végétalise* ,
& *animalise*, & ce , en une infinité de
différentes especes.

Ils l'ont nommé *azoth*, parce qu'il est
Médecine universelle , *nullus morbus
contra quem non sit inventa medicina*.
L'Eccléfiaste dit : *medicina est gratia
data à Deo , cujus fundamentum non
sunt Academici Libri , sed invisibilis mi-
sericordia Deï & donum* ; tellement
qu'étant un acte de la miséricorde de
Dieu, elle peut être dite sans blasphê-
me Déesse de la santé & du bonheur.
Or, entre toutes les vocations dont
l'Homme puisse être pourvu en ce monde, il n'y en a point de plus honora-
ble, plus vraie , plus excellente &
divine que la Médecine ; je n'excepte

ni la Jurifprudence avec l'abyme des
Loix ; ni l'Arithmétique , avec la con-
fufion des nombres ; ni la Mufique,
dans le charme de fes concerts ; ni la
Géométrie avec fes mefures ; ni l'Aftronomie, avec fes fpheres : enfin, je
n'excepte aucun des arts. La Médecine
eft le modele le plus accompli de tout
ce qu'on a de plus rare ; auffi qui dit
la Médecine parfaite , dit en un mot,
l'*Encyclopedie ;* car elle contient tellement toutes les autres fciences & arts
en elle, que quiconque feroit fi ofé d'en
féparer quelqu'une , ce feroit détruire
entiérement tout le compofé ; (femblable en cela aux ftatues de Phidias, ce
fameux Sculpteur , dont l'antiquité a
refervé la mémoire jufqu'à prefent, qui
étoient bâties de tel artifice , qu'une
pierre s'éboulant en caufoit la ruine
totale) , fujet pour lequel l'efprit de
l'Homme trouve dans la Médecine
(c'eft-à-dire dans la vraie) un efpece
de repos, qui contient toutes les au-

tres fciences : ce qu'il ne feroit en aucune féparément ; & quoique la Médecine foit la plus grande joie des Hommes, l'unique bien de la vie, un don de Dieu, & que tous fes effets font autant de miracles, les Hommes les plus barbares en ont tellement cheri les fectateurs, qu'ils leur ont dreffé des ftatues, comme aux Dieux immortels.

Je dis donc que la Médecine Hermétique eft vraie, parce qu'elle eft de la création de Dieu, & partant fes regles très-certaines : d'autant (comme dit le Philofophe), que Dieu & la Nature ne font rien en vain. L'Eccléfiafte nous l'apprend en ces termes : Le *Souverain a crée la Médecine de la terre &c.* & un peu plus bas : *l'eau amere ne fut-elle pas faite douce par le bois ; la vertu d'iceux eft pour la connoiffance des Hommes.* Et prefque dans tout ce Chapitre le Sage ne parle que de l'excellence & vérité de la Médecine, mon-

trant que Dieu en eſt l'auteur, & partant elle eſt très vraie. Sur quoi il faut
noter qu'il dit que l'eau amere fut faite
douce par le bois, voulant dire que
par la préparation des remedes tirés
de la terre, & méthodique adminiſtration d'iceux, les maladies ſont bientôt
guéries. Ce qu'on peut appeller *l'Ambroſie des Dieux*, ou *Elixir des Philoſophes* ou Sages, comme on pourra le voir
dans mon Traité de l'*Ambroſie*, traduit de l'Anglois, à la fin de cet Ouvrage.

O ſainte & admirable Nature! dit
un Philoſophe qui ne permet pas que
l'Artiſte s'éloigne jamais de la certitude de ſon art, s'il te prend pour regle & niveau de toutes ſes opérations.

Ces exemples, que je tire des effets
de l'Archée & Vulcain, dans le Microcoſme, ne s'éloignent nullement de la
vérité.

On ne ſera point ſurpris, comme je
l'ai annoncé, des remarques que je

ferai fur quelques articles extraits du
Livre des *Erreurs & de la Vérité*, & de
trouver, en même-tems, des Differta-
tions un peu étendues fur la Médecine
univerfelle, & fur la Végétation.

PENSÉES
DE L'AUTEUR
Du Livre des Erreurs & de la Vérité.

DE LA VOIE
DE LA RÉHABILITATION.

« **I**L ne faut pas non plus être étonné
» des reſſources qui reſtent à l'homme
» après ſon crime ; c'étoit la main d'un
» pere qui puniſſoit, & c'étoit auſſi
» la tendreſſe d'un pere qui veilloit
» ſur lui lors même que ſa juſtice l'é-
» loignoit de ſa préſence. Car le lieu
» dont l'Homme eſt ſorti eſt diſpoſé
» avec tant de ſageſſe, qu'en retour-
» nant ſur ſes pas, par les mêmes
» routes qui l'ont égaré, cet Homme

» doit être fûr de regagner le point
» central de la forêt , dans lequel feul
» il peut jouir de quelque force, &
» de quelque repos.

» En effet , il s'eft égaré , en allant
» de quatre à neuf , & jamais il ne
» pourra fe retrouver qu'en allant de
» neuf à quatre. Au refte , il auroit
» tort de fe plaindre de cet affujettiffe-
» ment ; telle eft la loi impofée à tous
» les êtres qui habitent la région des
» peres & des meres , & puifque
» l'homme y eft defcendu volontaire-
» ment, il faut bien qu'il en reffente
» toute la peine. Cette loi eft terrible,
» je le fais ; mais elle n'eft rien , com-
» parée à la loi du nombre *cinquante-*
» *fix* , loi effrayante , épouvantable
» pour ceux qui s'y expofent ; car ils
» ne pourront arriver à foixante-quatre
» qu'après l'avoir fubie dans toute fa
» rigueur.

» Cependant , en le puniffant ainfi ,
» fon pere ne voulut pas lui ôter tout

» espoir, & l'abandonner entiérement
» à la rage de ses ennemis ; touché de
» son repentir & de sa honte, il lui
» promit qu'il pourroit, par ses efforts,
» recouvrer son premier état ; mais
» que ce ne seroit qu'après avoir ob-
» tenu d'être remis en possession de
» cette lance qu'il avoit perdue, & qui
» avoit été confiée à l'agent par lequel
» l'Homme étoit remplacé dans le cen-
» tre même qu'il venoit d'abandonner.

» C'est donc à la recherche de cette
» arme incomparable, que les hommes
» ont du s'occuper depuis, & qu'ils
» doivent s'occuper tous les jours,
» puisque c'est par elle seule qu'ils peu-
» vent rentrer dans leurs droits, &
» obtenir les faveurs qui leur furent
» destinees ».

Si l'Homme veut regagner le point
central, dont il s'est égaré par son
orgueil, il faut qu'il s'étudie soi-même,
qu'il revienne sur ses pas, jusqu'à l'unité
du principe ; il le peut avec un peu de

peine ; il ne recouvrira jamais (dans le sensible) l'immortalité qu'il a perdue, par sa propre faute, comme je le ferai voir plus bas.

On ne doit pas être étonné que l'Homme qui ne se connoît pas lui-même, ignore les décrets de la Providence , qu'il raisonne sans fin & sans succès, sur une infinité de choses sensibles qu'il a sous les yeux ; que sa raison échoue , lorsqu'il veut juger par ses foibles idées, des desseins du Créateur , & de la maniere dont il opere.

Les attributs de la Divinité se manifestent dans chaque partie de l'Univers, par leur dépendance mutuelle & leur accord ; c'est surtout dans l'union de l'être intellectuel, & le sensible, que ces attributs brillent avec le plus grand éclat ; puisque c'est par cette union que tout l'ordre parvient à son unique fin, & à la gloire de son Auteur; c'est par elle que l'Univers entier doit répondre aux vues de celui qui l'a tiré du néant.

Cela seul doit porter l'Homme à adorer Dieu dans toutes ses divines perfections ; car (suivant la tradition & les Peres) il avoit été créé immortel dans le Paradis terreftre, comme on le voit par le Chapitre II de la Genefe, v. 17. Toutefois, peu de perfonnes ont fçu rendre raifon fuffifante pour preuve de cette immortalité.

Perfonne ne doute que tout ne foit fujet à corruption, & qu'il ne puiffe fe féparer, raifon pour laquelle, il eft difficile de faire voir l'Homme immortel : mais voici comme je le ferai entendre.

Dieu avoit créé le Paradis terreftre des vrais élémens, non-élémentés très-purs, tempérés, & conjoints enfemble en leur plus grande perfection, de manière que, comme ils étoient incorruptibles, tout ce qui provenoit d'eux également, & très-parfaitement conjoints, devoit être incorruptible & immortel ; car l'égale & parfaite conjonction ne peut souffrir de défunion.

L'homme créé de ces élémens incorruptibles, conjoints enfemble, par une jufte égalité, en telle forte qu'il ne pouvoit être corrompu, c'eft pourquoi il avoit été deftiné pour l'immortalité.

Mais après que l'Homme, par fa défobéiffance, eût tranfgreffé les Commendemens de Dieu, il fut banni du Paradis terreftre, & Dieu le renvoya dans le monde corruptible & élémenté, dans lequel, ne pouvant vivre fans nourriture, il fut contraint de fe nourrir des élémens élémentés, corruptibles, qui infecterent les purs élémens dont il avoit été créé, & ainfi il tomba peu-à-peu dans la corruption, jufqu'à ce qu'une qualité prédominant fur l'autre, tout l'entier compofé ait été corrompu, qu'il ait été attaqué de plu-

fieurs infirmités , & qu'enfin la féparation & la mort s'en foit fuivie.

Le Créateur lui a confervé fon ame
immortelle , l'ayant créé à fon image ,
& formé comme l'abrégé de tous fes
ouvrages , le plus parfait des êtres
corporels, par fon ame intelligente &
immortelle , lui a donné tous les dons
& les vertus des chofes fupérieures &
inférieures ; il a fini l'ouvrage de la
création par la formation de l'Homme ,
ayant créé tout l'Univers en grand
avant d'en faire l'abrégé , c'eft pourquoi il eft nommé *Microcofme*.

Le moyen artificiel de fe conferver
la vie heureufe a été de tout tems le
premier & principal objet que les
Hommes raifonnables & fenfés de toutes les Nations du monde , ont eu naturellement à cœur, par-deffus tous
les autres devoirs de l'humanité ; ils y
ont toujours dirigé leurs vœux , leurs
recherches , leurs peines , leurs travaux , la plupart même en ayant fait

le fujet & l'acte de leur Religion, adoroient les vertus divines, infufes en la Nature, fous l'idée d'une première caufe, préfidant à tout pour faire leur bonheur; c'eft de cette fource que la Philofophie a pris naiffance.

De tout tems les Hommes ont penfé, réfléchi, médité; ce grand fpectacle de l'Univers a dû les frapper d'admiration, & piquer leur curiofité naturelle.

Né pour la fociété, l'Homme a cherché les moyens d'y vivre avec agrément & fatisfaction; ne dût-il pas fentir, en fe repliant fur lui-même, que la confervation de fon être n'étoit pas un objet moins intéreffant; & penferoit-on qu'il fe foit oublié, pour ne s'occuper que de ce qui étoit autour de lui?

Sujet à tant de viciffitudes, en bute à tant de maux, fait d'ailleurs, pour jouir de tout ce qui l'environne, il a fans doute cherché les moyens de guérir fes maladies pour conferver plus longtems une vie toujours prête à lui échapper.

Il ne lui a pas fallu méditer beaucoup, pour concevoir & fe convaincre que le principe qui conftitue fon corps, & qui l'entretient, étoit auffi celui qui devoit le conferver dans fa manière d'être : l'appétit naturel des alimens le lui indiquoit affez. Mais il s'apperçut bientôt que ces alimens, auffi périffables que lui, portoient dans fon intérieur un principe de mort avec le principe de vie.

Il fallut donc raifonner fur les êtres de l'Univers, méditer longtems pour découvrir ce fruit de vie, capable de conduire l'Homme prefqu'à l'immortalité.

Ce n'étoit pas affez d'avoir apperçu ce tréfor à travers l'enveloppe qui le couvre & le cache aux yeux du commun, pour faire de ce fruit l'ufage

qu'on se proposoit, il étoit indispensable de le débarrasser de son écorce,
& de l'avoir dans toute sa pureté primitive. On suivit la Nature de près,
on épia les procédés qu'elle emploie
dans la formation des individus, &
dans leur destruction : non-seulement
on connut que ce fruit de vie étoit la
base de toutes ses générations, mais
que tout se résolvoit en ses propres
principes.

On se mit donc en devoir d'imiter la
Nature, & sous un tel guide, pouvoit-
on ne pas réussir ? A quelle étendue de
connoissances cette découverte ne
conduisit-elle pas ? Quels prodiges
n'étoit-on pas en état d'exécuter,
quand on voyoit la Nature, comme
dans un miroir, & qu'on l'avoit à ses
ordres.

Peut-on douter que le desir de trouver un remède à tous les maux qui
affligent l'humanité, & d'étendre s'il
étoit possible, les bornes prescrites à

la durée de la vie, n'ait été le premier objet des ardentes recherches des Hommes, & n'ait formé les premiers Philosophes ? Sa découverte dût flatter son Inventeur, & lui faire rendre de grandes actions de graces à la Divinité, pour une faveur si signalée.

Mais il dût penser, en même-tems, que Dieu n'ayant pas donné cette connoissance à tous les Hommes, il ne vouloit pas, sans doute, qu'elle fût divulguée, il fallut donc n'en faire participant qu'à quelques amis ; aussi Hermès Trismégiste, Egyptien, le premier de tous les Philosophes connu avec distinction, ne le communiqua-t-il qu'à des gens d'élite, à des personnes dont il avoit éprouvé la prudence, & la discrétion. Ceux-ci en firent part à d'autres de la même trempe, & cette découverte se répandit dans tout l'Univers.

Dieu lui avoit pour ainsi dire, infusé les Arts & les Sciences, afin d'en inf-

truire le monde entier ; mais cependant, il fentit bien qu'il n'étoit pas à
propos de découvrir les Myftères trop
fublimes de la Nature & de fon Auteur,
à un peuple auffi peu capable d'être
frappé de leur grandeur.

Il fit choix, pour cet effet, d'un
certain nombre d'Hommes, qu'il reconnut les plus propres à être dépofi-
taires de fon fecret, & feulement entre
ceux qui pourroient afpirer au trône ;
il les établit Prêtres du Dieu vivant,
après les avoir raffemblés, les inftrui-
fit de toutes les Sciences & les Arts,
en leur expliquant, ce que fignifioient
les fymboles, & les hyérogliphes qu'ils
avoient imaginés.

Un Auteur Hébreu, du Livre qui a
pour titre, *la Maifon de Melchifedech*,
parle d'Hermès en ces termes : « La
» Maifon de Canaan vit fortir de
» fon fein un homme d'une fageffe con-
» fommée, nommé Adris, ou Hermès.
» Il inftitua le premier des Ecoles,
» inventa

» inventa les Lettres & les Sciences ; il
» apprit aux Hommes l'ordre des tems ;
» il leur donna des Loix , & leur mon-
» tra la manière de vivre en société ,
» &c. »

Dans le nombre de ces Arts &
Sciences, il y en avoit une (c'étoit
l'art de guérir les maladies) qu'il ne
communiquoit à ces Prêtres qu'à condition qu'ils la garderoient pour eux,
avec un secret inviolable. Il les obli-
gea , par serment , à ne la divulguer
qu'à ceux qui , après une longue
épreuve , auroient été trouvés dignes
de leur succéder : les Rois leur défen-
dirent même de la révéler sous peine
de la vie. Cet art étoit appellé *l'art des
Prêtres* , comme nous l'apprenons de
Salamas (*de mirabilia Mundi*) de Ma-
humet-Ben-Alsmachaudi , dans Gelal-
dinus , Histoire d'Egypte.

» *Fuit autem nacraus Artis Sacerdo-*
» *talis & Magiæ peritus ; fuit autem*
» *mirabilia multa magna ,* » *&c.*

D

Alkandi (*ibidem*) fait mention d'Hermès dans les termes fuivans :

» Du tems d'Abraham , vivoit en
» Egypte Hermès , ou Idris fecond ,
» que la paix foit fur lui ; il fut nommé
» Trifmégifte , parce qu'il étoit Pro-
» phète , Roi & Philofophe ; il enfei-
» gna l'Art des métaux , l'Alchimie ,
» l'Aftrologie , la Magie , la Science des
» efprits. Pitagore , Empedocle , Ar-
» chélaiis , le Prêtre , Socrate , Ora-
» teur & Philofophe , Platon , Auteur
» Politique , & Ariftote le Logicien ,
» puifèrent leur fcience dans les écrits
» d'Hermès ».

Eufèbe déclare qu'Hermès fut l'Inf-
tituteur des hyérogliphes , qu'il les
réduifit en ordre , & les dévoila aux
Prêtres ; que Manhéton , Grand-Prê-
tre des Idoles , les expliqua en Langue
Grecque à Ptoloméе Philadelphe : ces
hyérogliphes étoient regardés comme
facrés ; on les tenoient cachés dans les
lieux les plus fecrets des Temples.

Le grand fecret qu'obfervèrent les Prêtres, & les hautes Sciences qu'ils profeffoient , les firent refpecter, & confidérer de toute l'Egypte , tant , pendant les longues années qu'ils n'eurent point de communication avec les étrangers , qu'après qu'ils leur eurent laiffé la liberté du commerce , l'Egypte fut toujours regardée , comme le Séminaire des Sciences & des Arts ; Philon Juif, Livre premier de la Vie de Moyfe , rapporte que « Moyfe avoit » appris en Egypte , l'Arithmétique , » la Géométrie, la Mufique , & la » Philofophie fymbolique , qui ne s'y » écrivoit jamais que par des caractè- » res facrés ; l'Aftronomie & les Mathé- » matiques ».

S. Clément d'Alexandrie s'exprime dans les mêmes termes que Philon ; mais il ajoute , la Médecine & la connoiffance des hyérogliphes , que les Prêtres n'enfeignoient qu'aux enfans des Rois du pays , & aux leurs propres.

Les Grecs qui avoient voyagé en Egypte, y avoient appris bien des choses, par la fréquentation des Prêtres de ce pays, qui étoient dépositaires du secret, ainsi que les Mages chez les Persans, les Mécubales & les Cabalistes chez les Hébreux, les Bracmanes aux Indes, les Gimnosophistes en Ethiopie, les Druïdes, chez les Occidentaux; ces derniers (quoique long-tems après Hypocrate) ont été ceux qui ont habité notre patrie, & dont la réputation a fait très-grand bruit dans toutes les parties du monde; les pricipaux passoient pour des grands Philosophes, Théologiens, Astrologues; à l'exemple des Egyptiens, des Prêtres & des Lévites, ils attribuoient, quoique Payens, toutes les merveilles à la Nature, en la personne des fausses Divinités, n'étant pas assez stupides & insensés pour adresser leur culte à des figures inanimées, impuissantes & incapables, par elles-mêmes, d'aucun effet; les grandes connoiſſances qu'ils avoient foncièrement acquiſes dans la Nature, font préſumer qu'ils avoient trop de lumières, pour avoir donné dans cette groſſière abſurdité, très-éloignée du ſens commun & de la raiſon, départie à tous les hommes, dès la création du monde.

Les fables même ingénicuſes qu'ils ont inventées, pour caractériſer les vertus divines en la Nature, & l'art ſecret de ſes opérations ſont des fictions, ſous leſquelles ils ont caché ſes myſteres, comme ayant leur ſource dans la ſageſſe du premier Moteur, dont la majeſté reſpectable exigeoit cette diſcrétion, à l'égard d'un Peuple groſſier & prophane, qui tourne à mépris & à mal les choſes les plus ſacrées, & c'étoit l'effet de leur prudence.

Je finirai cet article par démontrer l'origine & adminiſtration de la Médecine, en la perſonne des Chanoines de Notre-Dame de Paris, ou Officiers

Eccléſiaſtiques, qui ſont venus après les Druïdes, deſquels ils tenoient cette Science par tradition : je ne m'étendrai pas ſur cette matière, attendu qu'on peut la trouver plus au long dans les Annales de Paris ; je dirai ſeulement que les Officiers Eccléſiaſtiques ſuivoient la règle des Apôtres, qui, tous étoient Médecins des ames & des corps, en ſoignant les malades & les traitant avec beaucoup de charité ; ce qui eſt admirable, c'eſt qu'ils guériſſoient toutes les maladies & infirmités (ſi la volonté de Dieu n'en avoit autrement ordonné) par des remedes naturels, dont ils acquéroient la connoiſſance & l'uſage dans l'étude de la Nature, qui les fournit, ſans qu'il ſoit beſoin d'avoir recours à des ſecours étrangers, impuiſſans ou deſtructeurs, c'eſt pourquoi ils avoient leur Ecole de Médecine auprès de leur Egliſe, rue des Bucheries.

Comme l'amour de Dieu & du

prochain faifoit tout leur devoir &
leur mérite, ils obtinrent de faire
conftruire près d'eux un Hôtel de
charité, où on apportoit, recevoit &
traitoit les infirmes & malades, avec
tous les foins & les fecours, dont, par
efprit d'inftitution & d'état, ils étoient
capables, & s'en faifoient un point
effentiel de Religion : ils opéroient des
cures & guérifons miraculeufes, fi fur-
prenantes, que cet Hôpital d'infirme-
rie fut alors appellé *Hôtel de Dieu*, &
par corruption, *Hôtel-Dieu*.

Progreffion quaternaire.

» Si l'homme avoit une Chimie,
» par laquelle il peut, fans décompofer
» les corps, connoître leurs vrais prin-
» cipes, il verroit que le feu eft le
» propre de l'animal, l'eau le propre
» du végétal, & la terre, le propre du
» minéral ; alors il auroit des fignes
» encore plus certains pour reconnoî-
» tre la véritable Nature des êtres, &

» ne feroit plus embarraffé pour difcer-
» ner leur rang & leur claffe ».

L'Auteur auroit pu dire, fans fe
compromettre, que le feu & l'air font
le propre de l'animal ; l'air & l'eau,
celui du végétal , & l'eau & la terre,
celui du minéral ; toute perfonne un
peu inftruite dans cette partie, n'i-
gnore pas que deux extrêmes ne peuvent fe joindre que par un milieu,
voilà le ternaire univerfel.

Envain s'imaginera-t-on pouvoir,
par le fecours de la Chymie , acquérir
de féparer les élémens , puifque l'efprit humain ne les connoît pas (la Nature n'a pas befoin de Chymie , elle
n'a que deux objets, de diffoudre &
de coaguler, voilà tous fes principes);
ceux à qui le vulgaire donne le nom
d'élémens , ne font point réellement
fimples & homogènes ; ils font tellement mêlés & unis enfemble, qu'ils
font inféparables ; & quoique l'Auteur
n'en admette que trois , j'ofe en ad-

mettre quatre ; voilà le quaternaire
inféparable , dont deux vifibles & deux
invifibles ; mais les corps fenfibles de
la terre , de l'eau & de l'air , qui dans
leurs fphères, font réellement diftinéts ,
ne font pas les premiers élémens que
la Nature emploie dans fes diverfes
générations , ils femblent n'être que la
matière des autres. Les élémens fimples font imperceptibles & infenfibles ,
jufqu'à ce que leur réunion conftitue
une matière denfe , que nous appellons
corps , à laquelle fe joignent les élémens groffiers, comme parties intégran-
tes. Les premiers font l'ame des mixtes,
l'agent , la forme informant , ou l'aétif ;
& les feconds ne font que le corps , le
patient , la matière ôu le paffif.

Les anciens qui fe font appliqués à
connoître la Nature , ont divifé tout
ce qu'elle renferme , en quatre élémens, qu'ils ont regardé comme les
quatre colonnes du monde, que Dieu ,
par fa fageffe , fépara du cahos, au

tems de la création de l'Univers, qui par leurs actions contraires, maintiennent toute cette machine en égalité & en proportion, & qui enfin, par la vertu des influences célestes, produisent toutes choses sur la terre.

Lorsque Dieu eut formé la Nature pour régir toute la Monarchie du monde, elle commença à distribuer à chaque chose, des places & dignités selon son mérite; & après avoir constitué les quatre élémens, princes du monde; elle ordonna que chacun des quatre élémens agiroit sur l'autre; d'où il a été produit trois principes, le feu commença donc d'agir contre l'air, & de cette action fut produit le soufre; l'air pareillement commença d'agir contre l'eau, & cette action produit le mercure; l'eau aussi commença d'agir contre la terre; le sel a été produit de cette action.

L'Auteur supprime l'air, dont je parlerai dans la suite.

Des Qualités Occultes.

« CE qui eſt occulte pour les yeux
» du corps, c'eſt ce qu'ils ne voient
» pas ; ce qui eſt occulte pour l'intelli-
» gence, c'eſt ce qu'elle ne conçoit
» pas ; or, dans ce ſens, je demande
» s'il eſt quelque choſe de plus occulte
» pour les yeux & pour l'intelligence,
» que les notions généralement reçues
» ſur tous les objets que je viens d'an-
» noncer ? Elles expliquent la matière
» par la matière ; elles expliquent
» l'Homme par les ſens ; elles expli-
» quent l'Auteur des choſes par la Na-
» ture élémentaire.

» L'Homme voit dans ſes ſens le jeu
» de ſes organes, mais il n'y reconnoît
» point ſon intelligence.

» Enfin, la Nature viſible préſente
» aux yeux l'ouvrage d'un grand Artiſte;
» mais n'offrant point à l'intelligence la
» raiſon des choſes, elle laiſſe ignorer
» la juſtice du Maître, la tendreſſe

» d'un pere, & tous les conseils d'un
» Souverain ; de façon qu'on ne peut
» nier que ces explications ne soient
» absolument nulles & sans vérité,
» puisqu'elles ont toujours besoin d'être
» remplacées par de nouvelles expli-
» cations ».

Dieu ayant donné à tous les Hommes les mêmes sens, il en résulte chez eux les mêmes sentimens, par conséquent les mêmes notions.

Mais aussi rien de si commun que de mal voir, de mal rapporter : la seule manière qui appartienne à l'Homme de raisonner juste , c'est l'analyse, & si ce même Homme, avec toute son intelligence , veut partir tout d'un coup des premiers principes , & veuille s'approcher de la Divinité par le bon principe, il n'y peut venir que par gradation , en étudiant cette même intelligence par la nature de son être : y a-t-il quelqu'un qui puisse se vanter que sa raison seule lui démontre la spiritualité de son ame, ou son immortalité ? S'il ne suit de près les desseins du Créateur, qui éclatent de toutes parts, & surtout en rentrant en lui-même, en tâchant de se connoître, soit dans la manière dont il a reçu la vie, la soutient, la donne ; alors il reconnoîtra un Souverain, comme cause, qu'il doit admirer dans l'effet.

Deux penchans opposés se disputent le cœur de l'Homme, & le tirent en sens contraire ; l'orgueil, comme l'aigle superbe, se plaît à monter & chercher la hauteur.

La volupté se trouve sur terre pour partager les sensations de la brute, c'est ce qui l'aveugle.

Le cœur de l'Homme est infini dans ses desirs, il soupire toujours après le bonheur ; il est vrai qu'il est de la nature de tout ce qui existe de chercher son bien être, ce qui est une perfection.

L'Homme, depuis sa chûte, est sujet à bien de paffions , qui femblent toutes confpirer à fon bonheur , puifqu'il n'y en a aucune qui ne lui propofe la jouiffance de quelque bien particulier : mais leurs intérêts font fouvent fi oppofés , & leurs objets fi incompatibles , qu'elles ne cherchent qu'à fe détruire mutuellement.

Les nuages qui s'élevent de leur fein ne peuvent éclipfer entiérement le foleil de la raifon humaine. Sa vive lumiere , & l'expérience que nous faifons de l'infuffifance de nos femblables , nous découvrent qu'il n'y a aucun des biens vers lefquels nous nous fentons attirés , que nous ne puiffions envifager fous le rapport d'un néant véritable , ou d'un malheur certain ; voilà les caufes de nos délibérations : notre cœur veut & ne veut pas le même objet. Il le defire comme propre à contenter telle paffion : il le refufe , comme contraire à telle autre , ou parce que la raifon lui en défend la recherche.

Ce n'est que par notre raison que nous parvenons à la découverte de ce qui est occulte, & notre raison elle-même est aussi occulte que tout le reste.

L'orage s'éleve au-dedans de nous-mêmes, un vent favorable semble nous emporter loin de l'écueil, lorsqu'un vent contraire nous y pousse. Ne craignons point d'échouer, pourvu que nous écoutions la voix de notre intelligence.

Si le bruit des flots, le fracas de la tempête écartent pour quelques instans cette voix salutaire, ne cessons pas de prêter une oreille attentive; elle percera bientôt avec éclat, & nous fera arriver au port de la tranquillité & du bonheur.

De la source universelle des Erreurs.

« O N peut faire les mêmes obser-
» vations sur la pureté originelle, la
» dégradation & les tourmens actuels

» du principe qui s'eſt rendu mauvais;
» la marche de tous ſes écarts eſt uni-
» forme, les premieres erreurs, cel-
» les qui les ont ſuivies, & celles qui
» ſuivront, ont eu & auront perpé-
» tuellement les mêmes cauſes; en un
» mot, c'eſt toujours à la volonté
» mauvaiſe, qu'il faut attribuer les
» faux pas de l'Homme, & de tout
» autre être revétu du privilégé de la
» liberté : car, je l'ai déjà dit, pour
» démontrer que le principe d'une
» aċtion quelconque eſt légitime, il en
» faut conſidérer les ſuites; ſi l'être eſt
» malheureux, à coup sûr il eſt cou-
» pable, parce qu'il ne peut être mal-
» heureux s'il n'eſt libre ».

L'Homme, depuis le péché originel, peut être malheureux, ſans être
coupable, il peut être tombé dans un
faux pas par ignorance, non par mé-
chanceté; & quoique l'Homme jouiſſe
de la liberté, il ne l'a que juſqu'à un
certain point, ce qu'il faut diſtinguer;

& quoiqu'il ait la volonté , il n'a pas toujours la force de réſiſter. A-t-il reçu un affront ? ou ſi quelqu'accident lui arrive , eſt-il libre de l'oublier totalement ? il eſt forcé malgré lui de s'en rappeller , même dans le moment où il voudroit n'en avoir aucune idée.

Je regarde la volonté , comme une faculté de l'ame , en tant qu'elle comprend , qu'elle juge , qu'elle veut ; de maniere que cette faculté n'exiſte plus qu'en puiſſance , lorſque l'ame ceſſe d'operer.

Au milieu de la chaîne immenſe des êtres dont toutes les parties ſont liées entr'elles , par une action & réaction mutuelle , & où tout ſuit une pente néceſſaire , l'ame ſeule eſt indépendante ; elle ſeule preſcrit à elle-même des loix. Auſſi eſt ce au-dedans de lui-même que l'Homme puiſe l'idée de la liberté. S'il ne contemploit que l'ordre matériel , il ne pourroit jamais s'en former la plus ſimple notion.

Combien de fois n'avons-nous pas rencontré nos malheurs dans le fuccès-même de nos defirs ? combien de fois auffi nous avons gémi fur des événemens qui ont fait notre plus grand avantage ?

Recherches fur la Nature.

« L A premiere erreur qui fe foit
» introduite en ce genre , eft d'avoir
» fait de la nature matérielle une claffe
» & un étude à part. Quoique les Hom-
» mes ayent vu que cette branche
» étoït vivante & active , ils l'ont re-
» gardée comme étant féparée du
» tronc ; & à force de s'arrêter à ce
» dangereux examen, le tronc leur a
» paru à fon tour auffi éloigné de la
» branche , qu'ils n'ont plus fenti de
» befoin qu'il exiftât ; ou du moins
» s'ils en ont reconnu l'exiftence, ils
» n'ont vu en lui qu'un être ifolé dont
» la voix fe perd dans l'éloignement,
» & qu'il eft même inutile d'entendre

» pour concevoir & accomplir le cours
» & les loix de cette nature matérielle .

Il n'eſt pas donné à tous de pénétrer
juſqu'au ſanctuaire des ſecrets de la
Nature : très-peu de gens ſavent le chemin qui y conduit. Les uns impatiens
s'égarent, en prenant des ſentiers qui
ſemblent en abréger la route ; les autres trouvent, preſqu'à chaque pas ,
des carrefours qui les embarraſſent ,
prennent à gauche, & vont au tartare,
au lieu de tenir la dro·te qui mene aux
champs éliſées, parce qu'ils n'ont pas,
comme Enée, une Sybille pour guide.
D'autres enfin ne croyent pas ſe tromper en ſuivant le chemin le plus battu,
& le plus fréquenté ; tous s'apperçoi-
vent néanmoins, après de longues fa-
tigues, que, loin d'être arrivés au
but, ils ont ou paſſé à côté , ou lui
ont tourné le dos.

Les erreurs ont leur ſource dans les
préjugés , comme dans le défaut de
lumieres & ſolides inſtructions. La vé-

ritable route ne peut être que très-simple, puisqu'il n'y a rien de plus simple que les opérations de la Nature. Mais quoique tracée par cette même Nature, elle est peu fréquentée, & ceux même qui y passent se font un devoir jaloux de cacher leurs traces avec des ronces & des épines : on n'y marche qu'à travers l'obscurité des paraboles, des fables & des énigmes ; il est très-difficile de ne pas s'égarer, si un Ange tutélaire ne porte le flambeau devant nous.

Il faut donc connoître la Nature, avant de se mettre en devoir de l'imiter. L'étude de la Philosophie (ou Physique), avoit donné cette connoissance à ces Hommes si rares dont j'ai parlé, non de cette Philosophie des Ecoles qui n'apprend que la spéculation, & qui ne meuble la mémoire que des termes plus obscurs & moins intelligibles que la chose même que l'on veut expliquer. Mais ayant la

Nature pour guide, ils adoroient l'Etre
Suprême, fans le connoître, en ren-
dant hommage à cette même Nature,
& à fa matiere principale en abrégé ;
car ils tenoient pour maxime & point
de doctrine, que tout ce qui avoit vie,
ne la poffédoit, que comme origine
célefte ; Ovide lui-même en a témoi-
gné fon fentiment, en difant que Dieu
eft en nous.

Cicéron, & tous les grands Hommes de l'Antiquité ont parlé & penfé
de même ; donc ils reconnoiffoient un
Dieu auteur de la Nature, & de toutes chofes, comme infus par fon efprit
éternel opérant en elle & leur confer-
vateur.

De la Femme & de la Végétation.

« JE ne puis me difpenfer non plus
» de m'arrêter un moment fur cette
» propofition que *la vraie menftrue des
corps c'eft la terre.* C'eft dans elle en
» effet que doit fe décompofer princi-

» palement le corps de l'Homme : mais
» le corps de l'Homme prend sa forme
» dans le corps de la femme ; lorsqu'il
» se décompose , il ne fait donc que
» rendre à la terre ce qu'il a reçu du
» corps de la femme. La terre est
» donc le vrai principe du corps de la
» femme puisque les choses retournent
» toujours à leur source ; & ces deux
» êtres étant si analogues l'un à l'autre,
» on ne peut nier que le corps de la
» femme n'ait une origine terrestre;
» nous rappellant ensuite qu'elle a été
» la premiere origne corporelle de
» l'Homme , nous verrions sensible-
» ment pour quelle raison la femme
» lui est universellement inférieure.

» Il y a un fait que les Naturalistes
» ne manqueront pas de m'opposer ,
» c'est celui des liqueurs colorées qu'ils
» font passer dans quelques plantes,
» parvenant ainsi à varier les couleurs
» des fleurs , & même à changer ab-
» solument celle qui lui appartenoit
» par la Nature.

» Toute plante a son principe inné
» comme les autres corps ; les sucs ,
» qui lui tiennent lieu d'alimens , ne
» peuvent rien ajouter à ce principe ;
» mais ils lui servent de défense contre
» la réaction de la cause extérieure
» ignée, qui sans eux surmonteroit &
» consumeroit bientôt , par sa cha-
» leur , les forces & l'action des prin-
» cipes individuels , &c ».

Personne n'ignore que l'Homme &
la Femme ne font qu'un , qu'ils font de
la même nature, qu'ils ont tous deux
le même principe ; Dieu créa l'Homme à son image, il le créa mâle & fe-
melle , & leur dit : *Croissez & multi-
pliez, remplissez la terre & vous l'assujet-
tissez.* Quand Dieu donna à l'Homme
une ame immortelle , il a donné à la
Femme le même esprit de vie ; par
conséquent le même principe, ils font
tous deux, par la matiere , extraits
de la terre , ils doivent s'y réfoudre.

La Femme est seulement d'une nature plus humide que l'Homme , & non pas plus terreſtre , car *la terre n'eſt pas la vraie menſtrue des corps* , ce que j'oſe ſoutenir contre le ſyſtême de l'Auteur , *c'eſt l'eau* , comme étant le mercure des corps , qui fait la fonction de paſſif, ou patient dans la nature de tous les êtres , & l'Homme fait les fonctions d'actif , ou d'agent , étant doué d'une nature plus ſeche , c'eſt-à-dire de la partie de ſoufre , ou ignée ; la terre n'étant à proprement parler que le feces , ou *caput mortuum* , qui ne produit rien ſans *eau* , comme je vais le démontrer dans la Végétation.

VÉGÉTATION.

VÉGÉTATION.

LES terres ne font fécondes qu'en raifon du plus ou du moins de plantes qu'elles produifent ; pour trouver le vrai principe de cette fécondité , il faut chercher celui d'une abondante végétation. On peut le découvrir dans le concours de plufieurs caufes qui cooperent toutes au produit des terres.

L'Agriculture-Pratique , confiée de tout tems à des gens fans étude , ne peut que nous fournir des faits à approfondir. Les Laboureurs qui n'ont d'autre fcience qu'une routine qu'ils chériffent ; ou ne favent pas les caufes des effets dont ils font témoins , ou les favent mal. Ceux qui voulant aller plus loin, n'ont confulté que ces Hommes bornés , n'ont pu faire des découvertes que fuivant des notions envifagées dans un fens apparent , & non

E

fous un point de vue réel ; les uns &
les autres ont regardé les terres comme des nourrices qui allaitent les plantes , après les avoir produites ; & par
conféquent à leurs yeux , plus les terres font *engraiffées* , plus les plantes en
reçoivent de nourriture , de vigueur
& d'embonpoint : de-là le mot d'*engrais* confacré à toute fubftance qui
parut multiplier la végétation , on ima-
gina que la terre en recevoit de nouveaux fucs ; on croyoit par-là réparer
fes forces épuifées par des récoltes
précédentes , on vouloit l'approvi-
fionner de nitre & de fels précieux ,
qu'on regardoit comme la fource abondante des productions ; on envifagea
dès-lors toute la terre appauvrie , comme une terre maigre & defféchée , qui
manquant elle-même d'alimens , n'en
pouvoit fournir à fes enfans : on s'em-
preffa de rechercher partout des fels
bienfaifans , de ce nitre fi abondamment répandu , furtout dans toutes les

fubftances animales. On en trouva dans les végétaux ; on les employa, réduits en cendre, ou confumés par une humidité deftructive ; & tandis qu'on s'empreffoit de tous côtés à découvrir tous les recoins où ce nitre pouvoit fe trouver, on en apperçût des magafins répandus dans l'air. L'on crut alors être parvenu à l'heureux période d'une fertilité générale. Tous ceux qui, jufques-là, avoient éprouvé la malheureufe difette de *ces engrais*, fi rares dans certaines contrées, fe trouvoient à portée de s'en pourvoir dans l'air : on brifa de nouveau les mottes de terre déjà labourées. On en divifa & fubdivifa les parties ; & en multipliant les furfaces, on préfentoit une infinité de pores qui, comme autant de bouches affamées, faififfoient tous les fels que l'air ambiant charioit : enfin le nombre des labeurs fuppléa à la rareté des *engrais*.

Voilà donc les fels reconnus partout

comme le principe de la Végétation, & la source de la fécondité ; comment oser s'élever contre un sentiment si unanimement reçu ? Comment dire que tous les sels, les *engrais* & les terres elles-mêmes ne sont qu'une occasion, qu'un secours de la Végétation, & dont la Nature peut se passer ?

L'Astronomie, fondée sur des calculs certains auxquels l'expérience & les événemens semblent obéir, n'envisageant que les objets les plus éloignés, paroît d'abord être inutile, ou du moins n'avoir aucun rapport avec les êtres qui nous environnent.

L'Astrologie a tâché vainement de rapprocher des points de vue aussi séparés : les abus qui en résultoient ont indisposé contre elle.

N'examinons point s'il est absurde que le cours périodique d'un astre puisse influer sur des événemens incertains & très-souvent arbitraires. Mais quoique les animaux, libres dans leurs

mouvemens, ne doivent pas se sou-
mettre à une détermination aussi fixe
& décidée que les végétaux, dont la
vie, l'accroîssement & la mort suivent
invariablement le cours des saisons;
ceux-ci peuvent-ils se souftraire à l'empire des influences célestes? Je ne crois
pas qu'il y ait quelqu'un qui ne recon-
noisse l'effet conftant du Soleil sur toutes les plantes, puisqu'elles n'éprouvent pas de plus grandes variations
que celles que sa chaleur leur cause.

Celui des autres aftres eft contefté,
peut-être parce qu'on ne l'a pas affez
approfondi; cependant il eft certain
que dans tous les pays, & de tems im-
mémorial, les Laboureurs ont, par de-
vers eux, des obfervations fur les différentes phafes de la Lune; qui les di-
rigent dans le tems des femailles, de la
taille & la coupe des plantes; ils attri-
buent fouvent la fécondité de leur
champ à tel tems de la Lune qu'ils l'ont
enfemencé.

Je crois qu'une expérience de tant de fiecles exigeroit un meilleur traitement des Phyficiens, qui la méprifent au point de ne vouloir pas même l'examiner. S'il y a eu des Savans qui ont donné à la Lune l'emploi de remuer les eaux immenfes de la mer, n'y en aura-t-il jamais qui lui donnent celui d'en agiter quelques gouttes légeres dans les plantes ? N'y auroit-il point de milieu entre un aveugle confentement au pouvoir illimité des influences, & une opiniâtreté négative de toute fonction ? Je veux dire que fi les plantes ne lui doivent pas toute leur fécondité, n'en reçoivent-elles pas quelques fecours ?

Sans attribuer aux aftres fubalternes une vertu que nous ne pouvons que fuppofer, nous ne faurions difconvenir que le Soleil ne foit l'occafion de la fécondité des terres ; mais comme il ne fait que mettre en jeu les matériaux de la Végétation, & que d'ailleurs elle pourroit se passer de lui, il n'est pas le vrai principe de la fécondité des terres.

Le jardinage, bien plus perfectionné que l'agriculture, peut nous fournir des connoissances & des réflexions; il manie, à son gré, toutes les Végétations; il les répete, il les multiplie quand il veut; il fait, à l'insçu du Soleil, & dans le fort de l'hiver, d'abondantes productions; enfin la terre elle-même est quelquefois inutile à ses opérations.

Il employe le vrai principe de la Végétation, il l'employe très-souvent & très-abondamment, & par-là il commande, pour ainsi dire, à la Nature; il se sert de l'*eau*, & elle lui procure constamment une abondante fécondité.

L'expérience nous montre tous les jours des plantes nées sans chaleur du Soleil; on en trouve partout qui n'ont pas même eu besoin de terre pour croître & se perfectionner ; partout il en naît sans le secours de quelque sel apparent. Mais rien ne végete sans *eau*, au contraire, partout l'humidité produit toujours une Végétation : sur le faîte d'un vieux château, sur la surface & l'inégalité d'un mur, partout où quelques gouttes d'*eau* ont pû s'arrêter, on apperçoit une foule de plantes. Tous les corps en général qui renferment quelque humidité, soit portion du regne animal, ou végétal, dès qu'ils sont abandonnés à eux-mêmes, ils produisent & forment une certaine végétation qu'on appelle communément *moisissure*, qui est, comme tout le monde sait, un amas d'infinité de petites plantes.

Tous les bleds, toutes les graines & les semences, tous les oignons germent, malgré nos soins, pourvu qu'ils soient humides ; vous leur procurerez inutilement tous les nitres & les sels, s'ils sont privés d'humidité, ils seront sans vie.

Il eſt encore d'expérience que rien
ne croît, rien ne végete au milieu de
ces engrais que l'on a toujours cru ren-
fermer le vrai principe de la fécondité.
Bientôt, au contraire, je démontrerai
comment ils s'oppoſent à la produ&ion
qu'opéreroit, ſans eux, l'eau qui s'y
trouve.

L'hiſtoire fait mention de différentes terres rendues ſtériles en y ſemant
du ſel ; mais ce ſel, nous dit-on, n'é-
toit peut-être pas celui auquel on at-
tribue la fécondité, & d'ailleurs, par
ſa trop grande quantité, il réchauffoit
les terres, les brûloit, pour ainſi dire,
& devoit néceſſairement produire un
mauvais effet. Il faut voir ce qu'on doit
penſer en examinant la fon&ion des
ſels dans la Végétation.

La Phyſique a découvert pluſieurs
opérations de la Nature qui échappent
à la vue ordinaire ; & en ſuivant de
près la naiſſance & l'accroîſſement des
végétaux, à l'aide de la mécanique &

de l'hydraulique, nous voyons leur marche, nous suivons leurs pas, nous touchons, pour ainsi dire, nous sentons la caufe de leur mouvement.

L'*eau* fe communique par juxtàpofition; tout corps poreux qui la touche en eft mouillé, puis elle s'infinue dans tous les pores affez grands pour l'admettre, & fucceffivement tout le corps en eft pénétré.

Lorfque le germe qui fe trouve dans toutes les femences eft humecté, il gonfle & groffit à proportion qu'il prend d'*eau*; obligé d'occuper un plus grand efpace, il écarte les lobes qui le renferment, qui, en s'élargiffant, préfentent à leur tour plus d'entrée à l'*eau*; la petite plante contenue dans ce germe (quoique l'Auteur des Erreurs penfe différamment), s'étend à mefure qu'elle reçoit des particules d'humidité; fon volume augmente, par conféquent, la pélicule intérieure qui la renferme, dont l'*eau* a attendri les

fibres & élargi les pores, ne peut plus
réſiſter à l'effort du petit corps qui s'enfle à chaque inſtant ; elle s'ouvre, ou
ſe déchire : pour peu qu'une chaleur
douce mette en mouvement l'*eau* que
contient la jeune plante, elle ſuit cette
direction que la Nature a impoſé à
tout ce qui végete ; elle tend, par une
élaſticité, par un principe *inné*, à former une tige qui s'éleve au-deſſus de
la terre, preſque toujours perpendi-
culairement : les petites portions d'*eau*
qui parcourent ſes fibres, en prennent
toujours la figure, & par ces diviſions,
cette humidité ſe préſente à la chaleur
extérieure, ſous la forme la plus con-
venable à en recevoir quelque ſolidité ; l'on s'eſt imaginé que c'étoit une
eſpece de coction : tels on voit ſur le
feu ces ſucs clairs & limpides, mais
qu'une légere chaleur vient enſuite
épaiſſir, & deſquels on augmente la
conſiſtance à meſure qu'on pouſſe le
feu ſur lequel ils bouillonnent.

E 6

Ces portions d'*eau* n'offrent en tout
fens qu'une furface infiniment déliée &
fubtile, que la Nature a fi admirable-
ment diftribué : tapiffant l'intérieur des
fibres, bientôt elles en font partie en
s'épaiffiffant ; d'autres particules viennent enfuite faire de même à leur tour,
& fucceffivement la plante fe dévelop-
pant, donne entrée à de nouvelles
gouttes d'*eau* qui prennent peu-à-peu
une confiftence, une odeur, une couleur & faveur proportionnées au degré
de cuiffon que leur permettent de recevoir les différentes figures & les divers afpeéts fous lefquels elles fe préfentent à la chaleur.

Quelques idées que l'on ait fur la
Végétation, on eft toujours obligé de
recourir à l'*eau* dans le développement
du germe de toutes les plantes ; on fent
le befoin qu'elles en ont dans leur ac-
croiffement & leur produétion, &
tout le monde fait que dès l'inftant
qu'une plante eft privée d'humidité,
elle périt fans reffource.

Toute humidité indifféremment ne rend pas la terre féconde, ce ne peut être que celle de l'*eau*. Les végétaux ont besoin d'un aliment qu'ils puissent aisément changer en leur propre nature ; il faut d'abord que cet aliment soit susceptible de toute sorte de figures, puisqu'il doit prendre celles des différentes parties auxquelles il se joint ; il faut encore aux plantes une substance qui n'ait par elle-même aucun goût, pour qu'elles puissent lui donner le leur propre ; comme chacune a son goût particulier qui est unique, il lui est plus aisé de le donner à un être qui n'en a point, que de lui en faire changer. Il en est de même pour l'odeur, la couleur & les autres qualités quelconques ; le bon sens seul suffit pour voir que tous les corps qui ont quelques-unes de ces qualités déjà formées, offrent par-là un obstacle, & des difficultés de plus aux opérations de la Végétation.

L'*eau* est peut-être, après le mercure, de tous les corps solides, celui qui entre plus aisément en fusion, au point même que dans nos climats il est rare, même dans l'hiver, que l'atmosphere n'ait pas une chaleur suffisante pour la tenir liquefiée. Ce n'est que dans les contrées du nord les plus reculées, où cette chaleur n'étant pas suffisante, toute l'*eau* y conserve, toujours sous le nom de *glace*, son état de solidité naturelle, qui est le premier obstacle à la Végétation ; mais dès le moment que l'*eau* est en fusion, il n'y a rien dans l'Univers qui rassemble plus des qualités convenables à la production des végétaux.

Indifférente par elle-même à toute sorte de figures, elle se forme toujours en globules exactement ronds, n'ayant pas plus de direction d'un côté que d'autre : elle est (par sa saveur indéterminée & presque insipide) plus aisément chargée du premier goût qui fe préfente, que tous les liquides en général.

Sans couleur, fans odeur, elle n'a rien de déterminé, ni qui s'oppofe aux différens ufages, aux différentes qualités que la Nature voudroit lui communiquer; d'où il paroît que l'huile, le vin, & tous les autres liquides offrent plus d'obftacles à la Végétation, & doivent l'empêcher; la retarder, ou tout au moins ils lui font inutiles: ce que je dis des liquides, doit fe dire, à bien plus forte raifon, des folides.

Il eft inconteftable que les fels ayant une figure, une faveur, une couleur, une odeur déterminées, ne doivent pas être propres à la Végétation, puifqu'ils lui préfentent tant de difficultés à furmonter, pour ne pas dire des obftacles invincibles.

On m'objectera que l'expérience doit l'emporter fur le raifonnement; fi les fels n'étoient pas le principe de la fécondité, ni eux, ni ce qui les contient ne feroient pas des *engrais*.

La Chymie vient ici au fecours du raifonnement ; elle nous apprend qu'il n'y a aucune fubftance qui attire ou qui reçoive autant l'humidité, ni qui la conferve mieux que les fels : il y en a même qui s'en chargent avec tant de rapidité, qu'ils en font en peu de tems liquefiés & tombent en *défaillance*, au moment qu'ils font expofés à un air qui nous paroîtroit d'ailleurs très-fec.

La Chymie nous apprend encore qu'il faut une certaine quantité d'*eau* pour tenir les fels en diffolution ; c'eft-à-dire qu'une certaine quantité de fel ne fe diffoudra pas toute dans l'*eau*, fi cette *eau* n'excede pas en certaine proportion la quantité de fel. Cette proportion varie fuivant les fels ; mais il fuffit, pour le cas préfent, de favoir que l'*eau* doit confidérablement excéder le volume de fel qu'on lui donne à diffoudre.

La conséquence de ces vérités est dans la Nature, elle ne se dément jamais ; suivons ses principes dans la fonction des sels. S'ils environnent les racines des plantes, l'on conçoit aisément que contenant toujours de l'*eau*, la conservant plus longtems que toutes les autres particules adjacentes, ils entretiennent la fraîcheur au pied de la plante, lui fournissent de leur humidité surabondante, & que chaque jour attirant ou retenant de nouvelles portions d'*eau*, ils donnent aux plantes ce coloris vif qu'annonce partout l'humidité ; de maniere qu'en procurant à une terre beaucoup de sels, on lui procure un plus grand nombre de petits réservoirs, on lui fournit plus de moyens à conserver des particules d'*eau*, & à s'en pourvoir suivant ses besoins.

Je regarde les sels comme un milieu qui ne fournit rien de lui-même, mais qui sert de magasin ou d'entrepôt. Comme on ne peut pas dire qu'un

Homme soit riche en bled & en vin, lorsqu'il a beaucoup de caves & plusieurs greniers, parce qu'il se pourroit faire qu'il n'y eût rien dedans. Les sels ne sont proprement que la *futaille* qui peut contenir la nourriture des plantes ; mais ils ne sont pas eux-mêmes nourriture.

Nous voyons tous les jours des végétaux qui viennent dans l'*eau* pure : toutes les plantes bulbeuses sur nos cheminées, toutes celles qui viennent en bouture ; il est mille & mille Végétations qui se font dans l'eau pure : tous les Livres en sont pleins. Il y en a une infinité qu'on connoît, sans parler de celles qu'on n'a pas même essayé, & qui, probablement, réussiroient. La carafe qui contient l'*eau* fait ici en petit la fonction des sels dans nos champs.

Par le second principe dont je viens de parler, on voit que les sels, bien loin de produire, empêchent, retardent & s'oppofent à la Végétation. Suivons ces magafins, qu'on apprécie en raifon du nitre qu'ils contiennent; voyons fortir des étables ces tas de litiere à demi-confumée, qui confervent cette abondance de fels que les animaux nous fourniffent : ils laiffent *décanter* une *eau* brunie épaiffie par tous les fels qu'elle tient en diffolution : jettez dans cette eau des femences les plus propres à germer, elles refteront immobiles, ou fe détruiront & fe confumeront plutôt que de végéter; ce n'eft ni faute de chaleur, ni de fels, puifqu'ils y abondent; mais c'eft faute d'*eau*.

Toute cette humidité que nous appercevons eft imprégnée & raffafiée de fel, chaque particule d'*eau* eft au point qu'on nomme *faturation*, & même il y a encore furabondamment des fels qui pourroient s'emparer de nouvelle *eau*, s'il en furvenoit. Il n'en refte donc point de propre à s'infinuer dans

les pores des plantes ; la figure que les
fels ont donné à ces globules d'eau
forme un obftacle , leur épaiffiffement
préfente une réfiftance, la ténuité des
fibres ne peut admettre ces particules
aqueufes ainfi chargées ; leur goût,
leur odeur , leur couleur , tout s'oppofe , tout les rend inhabiles à la Végétation. Il faut qu'il y ait excès d'humidité , c'eft-à-dire , des portions d'*eau*
au-delà de ce qui eft occupé par les
fels.

Le préjudice que ce nitre apporte
aux végétaux eft bien fenfible ; lorf-
qu'un Jardinier pouffe par la chaleur,
dans des ferres ou des étuves, quelques
plantes fur couches, le mouvement
des parties infenfibles de l'*eau* etant
accéléré , les fibres & les pores des
racines plus ouverts, l'air qui s'y trouve plus dilaté , il s'enfuit quelquefois
qu'il s'infinue , qu'il fe gliffe la plus
mince portion de fel dans cette quantité d'*eau* qu'agite la chaleur & que la

plante reçoit ; elle pâtit, languit, &
retient, pour toujours, le goût de ces
fels qu'elle ne peut jamais changer : elle
n'acquiert point fa perfection ; l'on
s'apperçoit à l'œil que les conduits
étant obſtrués, la plante eſt malade, la
féve ne circule plus avec la même facilité ; tout le mouvement végétal eſt
retardé ou interrompu.

La Chymie enfeigne que le fel d'une
plante quelconque, diſſout, filtré, re-
diſſout & criſtallifé cent & cent fois,
conferve toujours fa même figure, fon
même goût & toutes fes mêmes qualités, qui different eſſentiellement du
fel de toute autre plante ; mais fi les
plantes fe nourriſſoient des fels qu'on
leur donne, elles auroient les qualités
de ces fels, & toutes entr'elles, même
goût & même faveur.

Mais, objectera-t-on, les plantes
donnent un fel qu'elles contiennent,
qu'elles ont donc reçu, & de-là il
paroît que les fels doivent augmenter,

ou du moins concourir à leur production.

Il eſt très-vrai qu'on en retire différens ſels, comme de tous les corps ſujets à l'analyſe ; mais outre que ces ſels ont entr'eux des qualités diamétralement oppoſées , ils ſont ſurtout très-différens de ceux dont on les ſuppoſe formés ; d'où il ne paroît pas probable qu'ils ayent tous la même origine. Il eſt des Chymiſtes qui prétendent que certaines opérations produiſent certains ſels qu'on n'appercevoit point avant l'opération , regardant comme bien plus aiſé d'en produire de nouveaux , que de changer ceux qui ſont une fois formés. La Nature prend toujours les moyens les plus aiſés dans ſes opérations , & nous examinerons bientôt comment elle produit ces ſels.

Mais , dira - t - on encore , ſi l'*eau* étoit le vrai & le ſeul principe de la Végétation , il s'enſuivroit que partout où l'on pourra procurer abondamment

de l'*eau*, ou aura une abondante récolte.

Quoique l'*eau* foit le vrai principe
de la fécondité des terres, il faut, que
de leur côté, les terres foient difpofées
à la recevoir & à la conferver ; elles
doivent concourir à fervir de *placenta*.
Parcourons les champs, & l'expérience va confirmer ce raifonnement d'une
maniere palpable & fans réplique.

Le fable eft un compofé de pierres,
ou cailloux très-petits, mais fenfibles ;
chacun de ces petits corps eft fort dur,
& ne peut être pénétré par l'*eau*. De
façon que les pluies les plus fréquentes, les rofées les plus abondantes,
fur un champ de cette efpece, n'hu-
mectent que les furfaces de chaque
grain de fable, & s'écoulent prompte-
ment & fans obftacles à travers tous
ces petits corps. Leur dureté n'eft pas
fufceptible de cette efpece d'adhéfion,
de cette confiftance pâteufe, de certaine conglutination qu'éprouvent d'au-

rres terres. Les corps qui ne contiennent d'*eau* que fur leurs furfaces , perdent bientôt leur humidité au moindre vent , à la chaleur la moins fenfible : voilà un champ très-peu propre à la Végétation, faute d'*eau*.

Un champ graveleux eft l'affemblage des corps durs , inégaux & plus gros que les précédens ; ce font autant de pierres qui , ne pouvant s'imbiber d'*eau* , ne la confervent également que fur leurs furfaces ; ils font encore plutôt deffléchés que le fable. Ainfi le gravier eft un terrein incapable de Végétation , faute d'*eau*.

Prenons des terres d'une nature oppofée ; il y en a , par exemple, qui ont cette confiftance , cette conglutination , qui , liant intimement fes parties, retient & conferve l'*eau* très-longtems. Elle exige plus de labeurs ; il faut brifer & rebrifer fes parties , foit pour que l'*eau* parvienne jufqu'au niveau ordinaire des petites racines , foit pour

que

que les fibres, si tendres & si déliées, puissent s'étendre & s'alonger sans trop de résistance. Là vous aurez la fécondité, si vous avez de l'*eau*.

Sans parcourir tous les champs, il suffit d'examiner que chaque terre est plus ou moins fertile, à proportion qu'elle approche de la nature des terres ci-dessus ; c'est-à-dire à proportion qu'elle peut conserver plus ou moins d'*eau*. Donnez au champ de sable, ou de gravier, une portion de cette terre, ainsi forte, qui lui retienne assez d'*eau*, & vous aurez une Végétation abondante.

Les prairies (sans envisager la nature de leur terrein) forment un tissu d'une infinité de petites racines qui s'entrelassent en tout sens, & capables par-là de retarder l'écoulement des *eaux*. Procurez de l'*eau* abondamment à vos prés, leur surface est en état de se la conserver ; vous aurez la fécondité.

F

La surface des terres, qui, depuis longtems, n'ont été travaillées, est comme un corps solide qui ne peut être pénétré par l'*eau*, que dans certains trous ou fentes qu'elle se forme, qu'elle élargit, & par lesquels elle s'écoule aisément.

Faites bécher, en votre présence, une terre de cette espece, après une très-grande pluie ; on tournera des mottes entieres qui, loin d'être mouillées, ne seront pas même humides ; comment cette terre peut-elle conserver une eau dont elle n'a pas été imbue ? Mais tournez & retournez cette terre, sans lui donner aucun prétendu engrais ; brisez & rebrisez toutes les parties de sa surface, comme les Jardiniers le font dans leurs jardins, vous présenterez à l'*eau* une multitude innombrable de petites cellules dans lesquelles elle s'éjournera plus ou moins longtems, en raison de la consistance de ces réservoirs insensibles, & dans le grand nombre, quoique bien des particules d'*eau* s'évaporeront ou s'écouleront ; il fe trouvera toujours de ces petites loges qui en conferveront : en un mot, s'il pleut beaucoup, ou fi vous arrofez abondamment vos jardins, vous aurez la fécondité.

Plufieurs Phyficiens, qui ont tourné leurs vues vers l'Agriculture, ont admis diverfes fortes d'*engrais*, parmi lefquels ils ont beaucoup exalté la *marne* ; cependant, en faifant fon analyfe, elle contient fouvent moins de nitre que la terre qu'elle doit féconder ; comment accorder cette thefe avec celle des fels ? Ces Spéculateurs auroient bien pû voir qu'elle alloit fervir de réfervoir, comme éponge, à une terre trop *délavée*, trop peu tenace, & lui conferver une *eau* que l'aridité de fes parties ne pouvoit retenir ; & dans cette fonction, elle n'eft pas un *engrais*, elle ne fait que le contenir. L'on en doit dire autant de la

chaux dont l'ufage eft de lier, de co-
ler, pour ainfi dire, les parties qu'elle
touche, & c'eft précifément cette adhéfion qui renferme & retient l'*eau* dans
mille petits réduits.

L'hiftoire nous fournit un trait qui
femble prouver la réalité d'un *engrais*,
proprement dit; d'où il s'enfuivroit que
l'*eau* ne feroit pas le feul. Nous n'avons
pas d'exemple d'une fécondité plus
étonnante que celle de l'Egypte, &
cette fertilité n'eft due qu'à un limon
que le Nil y dépofe. Examinons la
vérité; l'expérience parle, écoutons-là.

Si ce limon du Nil étoit un engrais
par lui-même, celui de l'année précé-
dente, celui de plufieurs autres années; enfin tout ce qu'il en pourroit
refter depuis plufieurs fiecles, répandu
fur toute l'Egypte, joint encore à celui de l'année courante; tout cela,
dis-je, augmenteroit continuellement
la fécondité; mais, au contraire, toutes ces couches deviennent inutiles,

si cette *année courante*, le Nil ne parvient point à certaine hauteur, & surtout s'il n'y séjourne un certain tems.

Ce limon cesse donc d'être un engrais d'une année à l'autre ; & l'on sent réellement que dans le prétendu systême des sels, ils ne pourroient être tous entiérement détruits par une seule récolte ; & d'ailleurs pourquoi celui de *l'année courante* cesseroit il d'être *engrais ?* L'on s'apperçoit aisément que la terre, dans ce climat fort chaud, a besoin de faire ses provisions *d'eau* abondantes, pour prévenir la disette des pluies, & réparer une évaporation continuelle, & l'on sent que ce limon composé de particules bien divisées, que l'*eau*, en les chariant, a le tems de bien pénétrer, & qu'elle pénetre encore dans ce séjour nécessaire ; ce limon, dis-je, couvrant la surface des terres ainsi humeêtées, conserve dans lui-même beaucoup d'humidité, retarde le desséchement des champs dont il tapisse la surface , qu'il garantit de l'ardeur du soleil ; enfin il conserve à l'Egypte l'*eau* qui fait sa fécondité ; & cette fécondité est si bien due à l'*eau*, qu'elle est toujours proportionnée à la hauteur du Nil & à son séjour, c'est-à-dire à la quantité d'*eau* qu'il a le tems d'y insinuer , & l'*eau* est le seul principe de la fécondité de l'Egypte.

Cependant tous les lieux inondés, les terres couvertes d'*eau* , ne produisent pas une abondante récolte ; &, dira-t-on, si l'*eau* étoit le principe de la fécondité, il semble que plus il y auroit de ce principe , plus il devroit y avoir de fécondité.

Il est très-vrai, & une constante expérience nous démontre que , partout où l'on fournit abondamment de ce principe , on occasionne d'abondantes Végétations , & l'on produit de vastes prairies jusques sur les rochers , si l'on y conduit l'*eau* & qu'on l'y entretienne. Mais il faut faire une observation : les alimens fi néceffaires à la vie & à l'ac-croîffement des animaux leur devien-nent, par leur trop grande quantité, fi nuifibles, que leur excès leur caufe même la mort.

L'*eau* eft l'aliment des végétaux ; il eft tout naturel que fon excès leur foit nuifible ; & pour voir comment cet excès d'*eau* peut retarder la Végéta-tion, la fufpendre & l'empêcher mê-me entiérement, portons le flambeau de la Phyfique dans cet admirable & myftérieux mécanifme de la Nature.

Toutes les *eaux* évaporées & diffé-remment analyfées, laiffent une por-tion terreufe, dépofent un fédiment qui eft un affemblage de petits corps infenfibles d'abord, & invifibles par leur extrême délicateffe & leur grande divifion ; mais qui, rapprochés, réu-nis, forment un corps à-peu-près ter-reux. Peut-étre eft-ce la terre com-me *élément* ; toutes les *eaux* en général en contiennent plus ou moins.

En examinant le tissu & la structure des plantes, nous appercevons des fibres de toute espece, des pores de diverses figures. L'*eau* s'insinue naturellement dans tous ces pores, & elle y séjourne jusqu'à ce que la chaleur ou le vent l'ait évaporée. A mesure que cette humidité se dissipe, les particules terrestres contenues dans l'*eau*, comme plus pesantes, plus épaisses, s'embarrassent dans tous ces tissus cellulaires, & tandis que les particules d'*eau* les plus subtiles & les plus déliées s'envolent & se dissipent; celles qui sont plus grossieres s'arrêtent dans mille recoins. L'*eau* dépose son sédiment & abandonne les petites portions plus grossieres; ces petits corps se desséchent peu-à-peu; ils acquierent, par leur desséchement, par leur réunion, une certaine force, un état de solidité qu'ils n'avoient point dans l'*eau*, avec laquelle ils étoient ou paroissoient être liquides. Cette consistance ne leur vient qu'à proportion de la ficiccité qu'ils éprouvent.

L'art de faire le papier nous met fous les yeux une opération à-peu-près femblable. Entrons dans une papeterie : nous y verrons une liqueur qui, quoique blanchâtre , n'en eft pas moins limpide ; elle ne contient rien dans l'état actuel , ou plutot elle ne femble contenir rien qui ait réellement la moindre réfiftance ou folidité. Voyez un chaffis qu'on trempe horizontalement dans cette liqueur , & qu'on en retire enfuite baigné de ce liquide ; le poids de l'*eau* en entraîne d'abord la plus grande partie ; mais elle dépofe , dans l'embarras d'un grillage délié , un nombre infini de petits corps qui , privés d'*eau* qui les tenoit en un extrême divifion , fe rapprochent, ou en acheve le defféchement ; & à mefure que l'humidité abandonne ces particules , elles prennent une confiftence , elles acquierent certaines qualités , elles forment un corps qui exiſte & ſe ſoutient par lui-même , & l'on voit naître enfin une feuille de papier.

Ce n'eſt que le deſſéchement qui a formé ce nouveau corps , & ſi l'on avoit toujours laiſſé les particules imprégnées ou imbues d'*eau* , elles n'auroient pu acquérir cette ſolidité que nous leur voyons. Admirons la même marche , mais plus délicate , dans l'habile Nature : les plantes pompent dans la fraîcheur de la nuit une abondante humidité ; elles la perdent enſuite le jour par la tranſpiration qu'éprouvent tous les corps , par la dilatation des pores , par cette agitation que la chaleur du Soleil donne ou accélere dans les liquides. Ce ſont toujours les parties les plus déliées qui ſont miſes plus aiſément en mouvement ; ce ſont elles qui ſont emportées , tandis que le ſédiment s'arrête dans la plante , où , par le deſſéchement , toutes ſes particules réunies parviennent à cette ſo-

lidité proportionnée & si merveilleu-
sement combinée ; c'est ainsi que l'on
voit naître une feuille d'arbre.

La nuit est destinée à la nourriture
des plantes, & le jour à leur diges-
tion : pendant la nuit, la Nature répand par-tout une rosée *nourrissante*,
& la chaleur du jour opere la sécré-
tion des alimens pris pendant la nuit ;
c'est ainsi que sert à tous les végétaux cette alternative de fraîcheur &
de chaleur, de jour & de nuit, d'*hu-
mectation* & de desséchement ; c'est
ainsi que l'œil même tout grossier qu'il
est, croit voir grandir les plantes pendant la nuit, ou du moins s'appercevoir de leur progrès après la pluie.

Ce desséchement alternatif est si nécessaire, que la Nature ne manque jamais de l'employer ; sans lui les plantes ne pourroient jamais acquérir cette
solidité qui leur est propre : les premieres particules déposées ne pourroient assez se réunir, si elles étoient

sans cesse imbues ou noyées dans de nouvelles *eaux* ; elles ne pourroient perdre que très-peu de leur fluidité apparente ; les végétaux foibles, souvent hydropiques & d'une couleur pâle, annonceroient que les sucs qui les forment ne sont pas digérés, c'est-à-dire qu'une humidité trop abondante, ou trop souvent survenue, n'a pas donné le tems aux parties terreuses de se déposer, de se réunir, & de s'arranger ; en un mot, cette espece de *stratification*, qui est peut-être le grand secret de la végétation, ne peut se faire, s'il y a trop d'humidité, & l'on conçoit aisément, sans entrer dans un plus grand détail, comment l'excès d'*eau* doit retarder la végétation, & souvent l'empêcher entierement.

Les bornes que je me suis prescrites, ne permettent pas de développer ici toutes mes idées, ni de prouver en détail que le sédiment de l'*eau* a les difpofitions les plus propres à devenir ce à quoi le mécanifme des fibres le déterminera : c'eft-à-dire, que fi fes parties font principes, elles peuvent aifément acquérir, ou plutôt former tel ou tel goût, prendre telle ou telle autre confiftance, fuivant leur cuiffon & leur quantité, compofer par les différentes combinaifons, certains fels, fe colorer de telle ou telle façon, en fuivant l'arrangement de leur furface. En un mot, il paroît probable que toutes ces qualités dépendent du choix des plantes.

On doit comparer ce choix à celui du crible qui reçoit dans une certaine loge de petits grains noirs, dans une autre des pierres, ici le bled le plus menu, & là le bon grain. L'entrée des pores qui fait ce choix dans les végétaux, eft fans doute la premiere caufe de leur différence.

Quelque fyftême que l'on admette, il réfultera toujours que la végétation ne doit son abondance ni à la terre, ni aux sels, ni aux engrais prétendus, puisqu'elle peut se passer de tous ces secours ; mais que *l'eau* lui est si nécessaire, qu'aucune plante ne peut naître sans elle, qu'il ne se fait aucun accroissement que par elle, & qu'elle opere enfin toutes les productions végétales.

Il est vrai qu'il y a des *eaux* qui n'operent pas cette fécondité ; peut-être parce que ces eaux tiennent en dissolution certains sels, ou que le sédiment qu'elles contiennent est composé de parties trop dures ou trop grandes, ou enfin parce qu'elle a déjà des qualités acquises comme les sels, trop difficiles à changer.

Ce n'est pas seulement pour les végétaux que *l'eau* est féconde ; elle l'est encore infiniment dans le genre animal : il n'est rien d'aussi prolifique que les poissons ; il y en a dans lesquels nous rencontrons plus d'œufs que dans dix mille animaux terreſtres. La population eſt conſtamment très-abondante dans les *eaux*, pourvu qu'elles n'aient point contracté quelques qualités étrangeres & hétérogenes.

Par-tout enfin, l'*eau* eſt le principe de la fécondité : la Géographie ne nous montre aucun pays froid, qu'elle ne nous apprenne ſa fertilité ; & dans toutes ces contrées du Nord où l'humidité peut ſéjourner, où les terres très-ſouvent couvertes de neige conſervent long-temps cette *eau* productrice, on y fait d'abondantes récoltes. Dans les lieux les plus ſauvages, la terre produit elle-même de nombreuſes forêts, & ces arbres qui naiſſent ſans culture & ſans ſoin, deviennent par le ſeul ſecours de l'*eau*, beaucoup plus gros, plus longs & mieux nourris qu'ailleurs. La fécondité ſuit l'*eau*. Mais au contraire dans les pays chauds, où le Soleil deſſeche & prive les terres d'humidité, l'on ne rencontre que des plaines arides où rien ne végete.

Enfin, les pays froids ou chauds, les terres fortes ou légeres ne font fertiles qu'à proportion de l'*eau* que leur surface peut retenir : l'expérience le démontre par-tout, & m'oblige à conclure que l'*eau* eft la vraie menftrue des corps, & par conféquent de la fécondité.

Des Semences Vermineufes.

« TANT que nos corps fubfiftent
» dans la plénitude de leur vie & de
» leur action, le principe dominant
» qui les dirige tenant toute l'enve-
» loppe dans l'équilibre, en empêche
» la diffolution, & contient l'action de
» ces mêmes germes deftructeurs. Mais
» quand ce principe dominant vient à
» abandonner cette enveloppe, alors
» les principes fecondaires n'ayant plus
» de lien, fe féparent naturellement
» & laiffent le champ ouvert à tous

» ces animalcules , ils aident même à
» leur naiſſance & à leur accroiſſe-
» ment , par une réaction & une cha-
» leur propre à leur faire percer une
» enveloppe féminale.

» Alors les débris du cadavre ſervent
» de pâture à ces inſectes , & paſſent
» en eux , comme les alimens paſſent par
» la digeſtion dans tous les corps vivans;
» dans les uns & dans les autres , le prin-
» cipe du corps diſſous ne paſſe dans le
» corps vivant pour l'animer ; car je l'ai
» établi , chaque être a la vie en ſoi , &
» n'a beſoin que d'une cauſe extérieure
» pour mettre en action & ſoutenir
» ſon propre principe. «

Le corps de l'Homme eſt ſujet à
l'altération & à la diſſolution , comme
tous les autres mixtes ; l'action de la
chaleur produit ce changement dans
la maniere d'être de tous les individus
ſublunaires , parce que leur maſſe étant
un compoſé de parties plus groſſieres ,
moins pures , moins liées , & plus

hétérogenes entre elles, que celles des êtres ou des Planettes, elle est plus susceptible des effets de la raréfaction.

Cette altération est dans son progrès une vraie corruption, qui se fait successivement, & qui, par degrés, dispose à une nouvelle maniere d'être; car l'harmonie de l'univers consiste dans une diverse & graduée information de la matiere qui le constitue.

L'unité d'action dans les Principes.

« IL est évident que dans les actes » les plus cachés des êtres corporels, » tels que la formation, la naissance, » l'accroissement, & la dissolution, les » principes ne se mélangent point, & » ne se confondent jamais avec les » principes.

» Les alimens ne sont que des moyens » de réaction propres à garantir les » corps vivans de l'excès de réaction » ignée, qui dévore & dissout suc-

» ceffivement ces êtres alimentaires,
» comme elle diffoudroit, fans eux,
» le corps vivant lui - même. Ainfi,
» ils ne font pas, comme le croient
» les Obfervateurs, & la multitude
» après eux, des matériaux, dont
» l'être qui fe forme doive être com-
» pofé, puifque cet être a tout en
» lui avec la vie, que les êtres ali-
» mentaires étant diffouts, n'ont plus
» rien, & que ce qui pourroit leur
» refter fe perd continuellement à me-
» fure que les principes particuliers
» fe féparent de leur enveloppe, &
» vont fe réunir à leur fource origi-
» nelle ; ainfi, cette mutation appa-
» rente des formes ne doit plus fé-
» duire, jufqu'à nous faire croire que
» les mêmes principes recommencent
» une nouvelle vie ; mais nous refte-
» rons perfuadés que les nouvelles
» formes que nous voyons fans ceffe
» naître & fe reproduire à nos yeux,
» ne font que les effets, les réfultats

» & les fruits des nouveaux principes
» qui n'avoient point encore agi , &
» nous aurons fûrement de l'Auteur
» des chofes , l'idée qui lui convient,
» lorfque nous dirons que tout étant
» fimple , tout étant neuf dans tous
» fes ouvrages , tout doit y paroître
» pour la premiere fois. «

Tout a été formé lors de la création, & il n'y a pas plus de matiere qu'il y en avoit dès le commencement du monde. Tout retourne à fon principe, chaque individu eft en puiffance dans le monde matériel, avant que de paroître au jour fous la forme individuelle, & retournera dans fon tems à fon rang, & au même point d'où il eft forti.

L'Homme a befoin de nourriture, & rien ne le peut nourrir que ce qui a quelque efprit de vie ; ainfi les racines, les plantes, les légumes, les graines , les chairs , fervent à la nourriture de l'Homme ; le tout fe fait par le moyen des corpuscules de vie qui passent d'un composé à l'autre.

Cette nourriture est nécessaire pour augmenter la substance d'un enfant qui vient de naître ; & pour cet effet, il faut employer un nouveau composé qui lui serve d'aliment, qui doit périr & être détruit pour nourrir celui qui vient d'être fait ; ainsi le lait est un composé rendu propre à nourrir cet enfant, ce qui démontre la circulation des composés qui changent les uns dans les autres , pendant que les premiers élémens demeurent toujours les mêmes dans un si grand nombre de changemens.

La Nature n'est donc qu'une circulation universelle , non par de nouveaux principes qui n'ont point agi , (comme dit l'Auteur,) mais par la conservation des individus, qui consiste dans l'union étroite de la forme & de la matiere ; le nœud, le lien qui forme cette union consiste dans celle du feu inné , avec l'humide radical ; cet humide radical eft la portion la plus pure & la plus digérée de la matiere.

Les anciens Philofophes , par leur intelligence , avoient pénétré dans les plus fecrets refforts fpirituels de cette même Nature , découvert & trouvé les influences céleftes & furcéleftes , que le Très-Haut avoit infus en tous fes ouvrages , dès le commencement du monde. ils avoient penfé que non-feulement le principe fpirituel de vie eft dans la nature de chaque être , pour fon exiftence, & fa confervation, mais encore pour fa réparation , & fuivant l'axiôme des Sages :

Nature contient Nature ; Nature s'éjouit en Nature ; Nature furmonte Nature ; nulle Nature n'eft amandée, finon en fa propre Nature.

Paroles fort courtes , qui devroient être gravées fur le marbre ou fur le bronze en caracteres d'or.

Chaque individu porte avec foi

même , fa vie & fa mort , comme la fanté & la maladie , & chaque chofe eft rendue faine ou malade , par cela même qui eft de l'efpece & propriété de fon femblable.

En voici un exemple tiré de l'Homme ; il eft extrait, quant à fon être extérieur , du limbe de la terre la plus fubtile , & eft un extrait de toutes les créatures terreftres , à caufe de quoi il eft nommé *Microcofme* ou *petit Monde.*

Or ce que l'Homme mange & boit , prend fa forme de la terre en plus grande partie : les fruits qu'elle engendre , produit & fournit pour fa nourriture, font les principaux moyens de maladie ou de fanté ; plus font nobles les fruits ou créatures de la terre, dont l'Homme prend fa nutrition, plus il en eft fain ; au contraire , plus les alimens , dont il fe nourrit, font ignobles, & de mauvaife qualité , plus auffi il eft infirme &

malade ; les premiers se rapportent à
la santé, & à la vie du corps, & les
seconds, à son indisposition & à sa
mort.

Systême des Développemens.

« Je n'ai plus qu'une légere remar-
» que à faire aux observations de la
» Nature sur un mot qu'ils emploient
» en traitant des corps. Ils en annon-
» cent la naissance & l'accroissement,
» sous le nom de *développement* ; nous
» ne pouvons leur passer cette ex-
» pression, parce que s'il étoit vrai
» que les corps ne fissent que se dé-
» vélopper, il faudroit qu'ils fussent
» entiers dans leurs germes, ou dans
» leurs principes, ils en feroient dis-
» paroître leur qualité primitive d'être
» simple ; alors ils ne feroient plus
» indivisibles, ni par conséquent re-
» vetus de l'immortalité ; ou il fau-
» droit, pour la conserver aux prin-
» cipes, la conserver aussi aux êtres
» corporels

» corporels qui y feroient renfermés;
» ce feroit accorder ce que nous avons
» nié jufqu'à préfent , & contredire
» groſſiérement ce que nous avons
» établi ».

L'Auteur fe fert du mot d'*enveloppe*
(dans l'Article des Semences Vermi-
neuſes) , & contredit ceux qui an-
noncent la naiſſance par le nom de *de-
velopement* , & fur cela il forme un
autre fyſtême fur la nature des êtres :
faudroit-il changer le terme par le mot
de *dilatation ?* cela feroit à fon gré
peut-être plus analogue.

J'ai dit ci-devant , tant dans l'Article de la Végétation , que dans une
autre part , que tout retournoit à fon
principe , & que chaque individu étoit
en puiſſance dans le monde matériel
avant que de paroître au jour fous fa
forme individuelle.

Voici comme je le ferai entendre ,
foit par dilatation , ou dévelopement
& d'une autre maniere.

G

Je mets un grain quelconque (foit de bled ou autre femence), dans la terre ; il fe pourrit , & fe diffout par un diffolvant qui contient un efprit dont les atomes font de même nature en partie que ceux de la femence, ou du moins font-ils affez fubtils pour pénetrer les vuides de l'écorce du grain, & du fperme , qui enferment l'efprit féminal, qui par ces ouvertures, trouvant fon envelope dilatée , fe dégage de la cloture (ou de l'envelope) , où il étoit enfermé ; les corpufcules originaux commencent à fe pouffer les uns les autres , l'ayant été eux-mêmes par l'efprit diffolvant qui a commencé le jeu , & qui régit fon mouvement par d'autres ; car tout ce qui meut eft mu par un autre , & ainfi fucceffivement les parties du monde , les particules & corpufcules fe pouffent & repouffent mutuellement , c'eft - à - dire par l'action & réaction; ce mouvement ayant commencé avec le monde , durera jufqu'à la fin , lorfque Dieu fixera toutes chofes , & arrêtera toutes les générations.

Les efprits féminaux étant donc ainfi dégagés & mis en liberté , montent en haut , & forment une tige & un tuyau fort délicat.

Les efprits émiffaires de la Nature fupérieure font & entretiennent toute communication avec la Nature inférieure ; les uns s'en vont , quand les autres viennent ; ceux-ci retournent à leur fource , quand ceux-la en defcendent ; & par ce flux & reflux continuel , la Nature fe renouvelle & s'entretient. Ce font les ailes de Mercure , à l'aide defquelles ce Meffager des Dieux rendoit de fi fréquentes vifites aux habitans du Ciel & de la Terre. Raifon pour laquelle les anciens Philofophes avoient ce Dieu en vénération très-myftérieufe , & lui rendoient plus d'honneurs qu'à tous les autres Dieux. La raifon de cette prédilection étoit prise dans l'opinion qu'ils avoient que ce Mercure leur apportoit tous les biens du ciel, avec lequel il entretenoit leur commerce & leur union, qu'il présidoit à leur conservation, qu'il étoit l'inventeur de tous les arts, & des sciences utiles à leur Patrie & à leur vie, dont il leur procuroit tous les moyens ; ce qui avoit aussi allusion au Mercure philosophique & à la Médecine universelle dont ils étoient possesseurs dans le sens hermétique, & sous le sceau d'Harpocrate ; ils en faisoient un acte de Religion, la cachoient sous des mysteres sacrés (voilà la vraie Maçonnerie dont je parlerai plus bas très-légerement), & pour qu'elle ne fût pas entendue par le commun du peuple, ils se servoient de fables, énigmes, hyégrogliphes ou parab_les, qu'ils se font plus étudiés à obscurcir qu'à déveloper ; aussi recommandent-ils sans cesse de ne pas les prendre à la lettre ; d'étudier les loix de la Nature , de comparer les opérations dont ils parlent avec les fiennes, de n'admettre que celles que l'Auteur y trouvera conformes.

Car l'ame de l'Homme eſt dans ſon eſprit ce que l'œil eſt dans ſon corps ; tous les deux voient, l'une les choſes intelligibles & compréhenſibles , l'autre les choſes ſenſibles , & la raiſon le veut ſans contradiction.

Des Cauſes temporelles & du Ternaire univerſel.

« Nous avons indiqué précédem-
» ment que les eſſences, ou les élé-
» mens, dont les corps ſont univer-
» ſellement compoſés, étoient au nom-
» bre de trois ; c'eſt par le nombre de
» trois que s'eſt manifeſtée la loi qui a
» dirigé la production des élémens : il
» faut donc que ce ſoit auſſi par le
» nombre de trois que ſe manifeſte la
» loi qui a dirigé & qui dirige la cor-
» poriſation de ces mêmes élémens.

G 3

» Je fais qu'on ne s'accordera pas
» d'abord avec moi fur ce que j'ai
» enfeigné que les élémens n'étoient
» qu'au nombre de trois, tandis qu'on
» en reconnoît quatre univerfellement.
» On aura été furpris de m'entendre
» parler de la terre, de l'eau & du feu,
» fans que j'aie rien dit de l'air. Je
» dois donc expliquer pourquoi il
» ne faut admettre en effet que trois
» élémens, & pourquoi l'air n'en eft
» point un.

» La Nature indique qu'il n'y a que
» trois dimenfions dans le corps ; qu'il
» n'y a que trois divifions poffibles
» dans tout être étendu ; qu'il n'y a
» que trois figures dans la Géomé-
» trie ; qu'il n'y a que trois facultés
» innées dans quelqu'être que ce foit ;
» qu'il n'y a que trois degrés d'expia-
» tion pour l'Homme, ou trois grades
» dans la vraie F. M. ; en un mot,
» que fou quelque face qu'on envifa-
» ge les chofes créées, il eft impoffi-

» ble d'y trouver rien au-deſſus de
» trois ».

Je ſais que le nombre de trois, dont
j'ai parlé ci-devant, eſt ſacré & divin,
& que c'eſt le nombre de perfection,
& très - puiſſant. L'Ecriture Sainte
n'eſt remplie que d'exemples ſur ce
nombre. Trois Anges apparurent. à
Abraham, Jonas reſta trois jours dans
le ventre de la Baleine ; Jeſus-Chriſt
fut renfermé trois jours dans le tom-
beau : tout n'eſt créé, n'eſt conſer-
vé & exécuté dans ce vaſte univers,
que par *poids*, *nombre* & *meſure* ; le
Phiſicien ne connoît que trois regnes
dans la Nature ; l'Arithméticien ne
compte que par *livres*, *ſous* & *deniers* ;
le Géometre ne meſure que *longueur*,
largeur & *profondeur* ; le Mathémati-
cien ne conſidere que *ligne ſuperficie*
& *corps*.

J'ai démontré auſſi que le nombre
de *trois* joint à celui de *quatre*, qui
eſt le nombre élémentaire, formoit

G 4

celui de *sept* ; par conséquent j'ose admettre quatre élémens , comme je l'ai
fait voir ci-devant·, & que je crois le
démontrer dans le cours de mon Ouvrage : c'est un quaternaire inséparable·,
pour ainsi dire , avec le nombre de
trois , parce que le nombre quatre est
la racine & le commencement de tous
nombres , puisqu'additionnant 1 , 2 ,
3 , 4 , cela produit le dénaire , qui est
le nombre attribué à la Divinité ; car
tous les Peuples , quand ils ont une
fois supputé dix , recommencent par
l'unité ; tous les anciens Philosophes
ont également considéré l'unité comme étant le principe de toutes choses ;
ils sont unanimement d'accord , qu'à
cette unité , le binaire indéfini étoit
assujetti , comme la matiere à l'Auteur , & que de l'unité & du binaire,
tous les nombres étoient engendrés ;
que les points , les lignes , les surfa-
ces ou figures applanies , les corps solides , avoient été tirés ; & que de ces

corps principaux , toutes choses élémentaires ont pris naissance : il y a donc quatre élémens , & premiers fondemens des choses dont tout est composé.

L'Ouvrier Immortel qui a tout créé , & qui conserve tout par *poids* , *nombre* & *mesure* , a voulu que le monde élémentaire , le sur-céleste & l'archetipe fussent distribués en *feu* , *air* , *eau* & *terre* ; les quatre Animaux de la Vision d'Ezéchiel nous le démontrent : le Lion désignant l'élément du *feu* ; l'Aigle celui de l'*air* ; l'Homme l'élément de l'*eau* , & le Bœuf celui de la *terre*.

Quoique le Tout-Puissant se réjouisse du nombre de trois , néanmoins il se répand aux choses créées par le nombre quaternaire.

Je respecte beaucoup le nombre ternaire , j'y suis même très - dévoué , ainsi qu'à la vraie F. M. ; & s'il m'étoit permis d'ouvrir aux yeux de la multitude les Archives du Monde , &

d'en dévoiler les myſteres, pour y puiſer l'inſtitution de cet art, on y verroit ſon origine, antérieure même aux ſiecles les plus reculés, comme un dépôt (pour ainſi dire), dans les décrets éternels du Souverain Architecte de l'Univers : on y verroit ſa puiſſance agir ſur le ténébreux chaos, en tirer la lumiere, diviſer les élémens, former cette immenſe quantité de ſpheres, en regler les reſſorts & le cours pour en fixer l'immuable harmonie ; de-là dans l'enfance de la Nature, paſſant à l'Homme, comme le premier apanage de ſon être, faire la gloire de Salomon, le plus ſage des Rois, des plus grands Princes de la terre, de tous les Philoſophes de l'Antiquité : le bonheur & la ſcience de tous ceux à qui il a été permis d'en ſonder la profondeur.

DE L'AIR.

» J'AI enseigné que l'air n'étoit pas
» au nombre des élémens, parce qu'on
» ne peut en effet regarder comme
» élément particulier, ce fluide grossier
» que nous respirons, qui enfle, ou
» qui resserre les corps, selon qu'il est
» plus ou moins chargé d'eau ou de feu.

» Il y a sans doute dans ce fluide un
» principe que nous devons appeller
» *air ;* mais il est incomparablement
» plus actif & plus puissant, que les
» élémens grossiers & terrestres dont
» les corps font composés : cet air est
» une production du feu , non de ce
» feu matériel que nous connoissons,
» mais d'un feu qui a produit le feu,
» & toutes les choses sensibles. L'air
» en un mot est absolument nécessaire
» pour l'entretien & la vie de tous les
» corps élémentaires , il ne subsistera
» pas plus long-tems qu'eux ; mais n'é-
» tant point matiere comme eux , on

» ne peut le regarder comme élement,
» & par conféqueut il eſt vrai de dire
» qu'il ne peut entrer dans la compofi-
» tion de ces mêmes corps ».

L'Auteur dit que l'air eſt une production du *feu* ; & de quel feu ? du *feu*
(dit-il) qui produit le *feu*, & toutes
les choſes fenſibles ; c'eſt donc du
premier principe dont il voudroit parler ? qu'eſt-ce que le premier principe ?
c'eſt Dieu.

Les Prophêtes & les Philoſophes
ont comparé Dieu à un feu, qu'ils ont
dit même être un feu incomparable, &
dans le monde matériel, qu'il n'y a
pas d'autre feu que celui du Soleil;
que tous les principes de la génération
proviennent du Soleil, qui étant le
premier opérateur dans les mixtes, les
générations font de différentes qualités, à proportion qu'il ſe trouve éloigné ou rapproché de nous.

Toute chaleur qui eſt partout deſ-
cend du Soleil, principe univerſel de

la Nature , auffi-bien dans les élémens
que dans les mixtes ; car là où il y a
une chaleur , un mouvement naturel ,
ou la vie , c'eft-là où la Nature a caché fon feu , comme premier principe ,
& premier moteur des élémens , qu'il
remplit de fon efprit & de fa vertu vi-
vifiante , & verfe fes vertus par fes
rayons dans l'eau , dans la terre , dans
les trois regnes , afin de croître & de
multiplier.

Le feu eft le plus haut , le plus ex-
cellent & le plus digne des élémens ;
c'eft pourquoi Moyfe , Hermés , les
Prophêtes , les Apôtres , les Evangélif-
tes , & une infinité d'Hommes fages
n'ont pas feulement comparé Dieu
même à un feu , mais l'ont dit être un
feu , vû qu'il s'eft manifefté fouvent en
forme de feu.

Nous favons que l'air que nous ref-
pirons eft un fluide élaftique & grave ,
très digne en fa qualité , dont nous
ignorons parfaitement la figure ; quoi-

que tous les corps fluides ayent la propriété de se condenser en rond, la fluidité est démontrée par .la facilité avec laquelle nous divisons ses parties. Sa gravité par le barometre, que l'on place dans le récipient de la machine pneumatique ; enfin son élasticité par les effets du fusil à vent.

C'est un élément chaud & humide, temperé par le feu, plus noble que la terre & l'eau volatil, & qui peut se fixer, il rend tous les corps pénétrables. Mais cet air est la matiere des autres : j'ai parlé, à l'Article du Quaternaire, que les élémens simples sont imperceptibles, & insensibles, j'y renyoie le Lecteur à ce sujet.

Les Egyptiens, suivant Diodore de Sicile, regardoient Vulcain comme pere de Saturne, & par conséquent le feu comme principe, qui avoit sa source dans le Ciel, & en donnerent l'empire à Jupiter (qui veut dire *feu*), qu'ils armerent d'un sceptre en forme

de foudre à trois pointes, en lui affo-
ciant pour femme fa fœur Junon (qui
veut dire l'*air*), qu'ils feignirent par
conféquent préfider à l'air ; voilà la
raifon pourquoi les Sages de l'Antiquité n'ont pas cherché le quatrieme
élément, puifqu'ils le croyoient certain, mais un cinquieme, ou pour
m'exprimer, une quinteffence que les
faux Philofophes de nos jours cherchent avec tant d'empreffement ; mais
comme l'étude de cette Science eft
d'autant plus difficile, que les méta-
phores perpétuelles donnent le chan-
ge à ceux qui s'imaginent entendre les
Auteurs qui en traitent, il eft fort difficile d'en dévélopper le fens, fi un
Ange tutélaire ne porte le flambeau
devant nous.

L'efprit igné, principe vivifiant,
donne la vie & la vigueur aux mixtes ;
ce feu les confumeroit bientôt, fi fon
activité n'étoit modérée par l'humeur
aqueufe qui les lie ; cette humeur

circule perpétuellement dans tous , il s'en fait une révolution dans l'univers, au moyen de laquelle les uns se forment , se nourrissent, augmentent même de volume , pendant que son évaporation fait dessécher & périr les autres.

Toute la machine du Monde ne compose qu'un corps, dont toutes les parties sont liées par des milieux qui participent des extrêmes; ce lien est caché , ce nœud est secret , mais il n'est pas moins réel.

DU TONNERRE.

« QUANT au bruit qui provient
» de l'explosion de la foudre, on ne
» peut l'attribuer qu'au choc de la
» partie saline sur les colonnes d'air,
» parce que le feu par lui-même ne
» peut rendre aucun bruit ; ce que
» l'on voit aisément quand il agit en
» liberté ; & quoique le feu soit le
» principe de toute action élémentai-

» taire ., cependant aucune de ces
» actions ne feroit fenfible dans la Na-
» ture , fans le Soleil ; couleur, fa-
» veur , odeur , fon , magnétifme ,
» électricité , lumiere , tout fe mon-
» tre & paroît par lui ; c'eft pour cela
» que nous ne pouvons douter qu'il
» ne foit auffi l'inftrument du bruit
» du tonnerre , d'autant que plus la
» foudre eft chargée de parties fali-
» nes, plus fes coups & fes éclats font
» violens ».

La matiere propre du tonnerre n'eft
autre chofe que la matiere électrique ,
vrai feu , répandu dans tout l'atmof-
phere terreftre , qui fe rend fenfible ,
lorfqu'il fe joint à des matieres inflam-
mables.

Les nuages qui portent le tonnerre
font des corps électrifables par frote-
ment ; ils reçoivent les frotemens néceffaires pour s'électrifer par l'action
de l'air qui les porte les uns contre
les autres.

Lorſque les frotemens ſont violens, le feu électrique enflamme les matieres qui lui ſervent d'alimens , & lorſque les matieres ſe joignent à des corps hétérogenes, le nuage éclate avec plus de force.

Par conſéquent les particules ſalines ſont moins les cauſes du tonnerre que les alimens de la matiere électrique.

Du Livre de l'Homme.

« C E S avantages inexprimables
» étoient attachés à la poſſeſſion & à
» l'intelligence d'un Livre ſans prix,
» qui étoient au nombre des dons que
» l'homme avoit reçus avec la naiſ
» ſance ; quoique ce Livre ne contînt
» que *dix feuillets*, il renfermoit toutes
» les ſciences de tout ce qui a été,
» de ce qui eſt, & de ce qui ſera ;
» & le pouvoir de l'homme étoit ſi
» étendu alors, qu'il avoit la faculté
» de lire à la fois dans les dix feuillets

» du Livre, & de l'embraffer d'un
» coup-d'œil.

„ Lors de fa dégradation, le même
» Livre lui eft bien refté, mais il a
» été privé de la faculté de pouvoir
» y lire auffi facilement, & il ne peut
» plus en connoître toutes les feuilles
» que l'une après l'autre ».

Chacun a fon Livre ; qui le connoît
eft fage ; & l'homme éclairé par le
Pere des lumieres, avec un peu de
peine, peut pénétrer dans les replis
les plus fombres & les plus cachés
de la Nature, compofée de quatre élémens, de trois regnes, & de trois
principes, ce qui forme le nombre de
Dieu, ou celui des feuillets du Livre
de cette même Nature, dont on ne
peut connoître les propriétés, qu'en
l'étudiant: mais auffi Dieu eft le maître
de diftribuer fes dons, comme il lui
plaît, & à qui il lui plaît, & peu
de perfonnes en font la découverte,
parce que les hommes font trop pré-

fomptueux pour fe dépouiller de leurs vains préjugés, & s'attacher à fcruter la véritable fcience de la Nature ; le genre humain a cette prévention qu'il donne tête baiffée, & fe perd dans la dépravation & dans les chofes qui lui font contraires : l'on ne défire point, en effet, ce que l'on ne connoît pas, l'infipidité entretient l'ignorance, & cette derniere la raifon négative.

Le vulgaire, endurci de fes préjugés, ne veut pas croire qu'il y a dans la Nature des moyens occultes pour remédier à fes malheurs ; un fou, dit Salomon, eftime & répute fou tous les autres hommes : tel un homme yvre de qui la raifon égarée n'eft plus connue ; qui voit la terre, & les objets tourner, & ne trouve perfonne plus raifonnable que lui.

Du nouvel Empire de l'Homme.

« O r , dans l'état d'expiation que
» l'Homme subit aujourd'hui , non-
» seulement il est à portée de recou-
» vrer les anciens pouvoirs dont tous
» les Hommes auroient joui, sans que
» leurs sujets fussent pris parmi leur
» espece , mais il peut acquérir en-
» core un autre droit dont il n'avoit
» pas la connoissance dans son pre-
» mier état ; c'est celui d'exercer une
» véritable autorité sur d'autres hom-
» mes ; & voici d'où ce pouvoir est
» provenu.

» Dans cet état de réprobation où
» l'Homme est condamné à remper ,
» & où il n'aperçoit que le voile &
» l'ombre de la vraie lumiere , il
» conserve plus ou moins le souvenir
» de sa gloire, il nourrit plus ou
» moins le desir d'y remonter, le tout
» en raison de l'usage libre de ses fa-

» cultés intellectuelles, en raison des
» travaux qui lui sont préparés par la
» justice, & de l'emploi qu'il doit
» avoir dans l'œuvre.

» Les uns se laissent subjuguer, &
» succombent aux écueils semés sans
» nombre, dans ce cloaque élémen-
» taire ; les autres ont le courage &
» le bonheur de les éviter.

» On doit donc dire que celui qui
» s'en préservera le mieux, aura le
» moins laissé défigurer l'idée de son
» principe, & se fera le moins éloi-
» gné de son état. Or, si les autres
» Hommes n'ont pas fait les mêmes
» efforts, qu'ils n'aient pas les mêmes
» succès, ni les mêmes dons ; il est clair
» que celui qui aura tous ces avanta-
» ges sur eux, doit leur être supé-
» rieur, & les gouverner ».

Le premier Homme formé innocent
& juste ne connoissoit point de péril ;
l'immortalité dont il se sentoit revêtu,

le mettoit au-deſſus des frayeurs de la mort, & des accidens qui peuvent la procurer.

Il ſe voyoit entouré des bienfaits de ſon Créateur : les animaux étoient ſes domeſtiques naturels, deſtinés à le ſervir & à l'amuſer. Roi de la Nature, qu'auroit-il eu à redouter des objets qui l'environnoient, & dont il diſpoſoit en ſouverain ? La peur & la honte n'entrerent chez lui que par ſa faute.

Actuellement la plupart des Hommes ſe trouvent ſi ravalés à la condition des brutes, en n'attribuant au genre humain, qu'une ame matérielle, qui les réduit à la ſordide néceſſité de chercher toujours ce qui flatte leur amour-propre : qui, confondant tous les états & toutes les conditions, traitent la ſubordination de droit barbare, l'obéiſſance de foibleſſe, la principauté de tyrannie ; en n'établiſſant tous les ſyſtêmes que ſur des fondemens obfcurs & purement imaginaires.

Mais çelui qui s'appliquera avec attention à la connoiffance de foi-même, verra que l'Homme naît avec toutes les plus heureufes difpofitions pour les fciences; mais il faut que la fageffe les cultive & les mette en œuvre.

Cette même Bonté & cette même Puiffance, en nous faifant naître avec des fens imparfaits, nous a avantagés de l'intelligence, pour développer, corriger, perfectionner nos facultés, & nous faire connoître l'origine toute célefte, de notre ame, de fa nobleffe & de fa fupériorité fur la matiere.

Des vrais Ennemis de l'Homme.

« ALORS je demande quelle peut
» être cette erreur, fi ce n'eft de s'être
» abufé lui-même fur le genre de
» combat qu'il avoit à faire, d'avoir
» eu la foibleffe de croire que fes
» ennemis étoient des Hommes &
» formoient

» formoient les corps politiques :
» qu'ainfi c'étoit contre ces corps qu'il
» devoit tourner toutes fes forces &
» toute fa vigilance.

» On ne doit pas être furpris de
» me voir annoncer que l'Homme ne
» peut avoir les Hommes pour fes vé-
» ritables ennemis ; que par la loi de
» fa nature, il n'a vraiment rien à
» craindre de leur part, &c. «

Malgré la force de la Loi de Nature,
jufqu'à-préfent, j'avois ignoré que
l'Homme, depuis fa chûte, eût un
plus grand ennemi à combattre que
fon femblable ; quel eft l'animal le plus
ennemi de l'Homme, que l'Homme
même ? Tous les animaux quelconques,
& de quel genre qu'on les prenne,
ont prefque tous une nature différente,
un inftinct particulier.

Mais l'Homme poffede lui feul tous
les vices, & les vertus de tout ce qui
exifte dans la Nature : l'on n'a qu'à
confulter l'Hiftoire générale de toutes

H

les nations ; vous ne verrez qu'un mélange de grandeur & de mifere, d'orgueil & de baffeffe, de profpérité & d'infortune, de courage & de lâcheté, un affemblage monftrueux d'opinions qui fe heurtent, d'intérêts qui fe croifent, des préjugés, des haines, des trahifons, des vexations, des tyrannies, des cruautés, des guerres, des procès, des meurtres, en un mot de tous les maux qu'on puiffe imaginer.

Je ne vois, dans l'univers, qu'un théâtre public où tous les Acteurs fe jouent mutuellement les uns les autres, où chacun fe produit fous le mafque du déguifement & du menfonge ; où la fcène eft toujours chargée d'intrigues ; où la cabale remue tous les refforts ; où la machine eft toujours prête à fondre fur ceux qui l'ont conftruite, & où le dénouement ne manque prefque jamais d'être tragique, même pour ceux qui repréfentent les premiers perfonnages ; où l'on n'a d'autre ami que foi-même ; d'autre fortune en vue que la fienne propre ; d'autre mérite pour parvenir , qu'une profonde diffimulation ; d'autre religion , bien fouvent, que celle qui fert à nos interêts ; où l'on n'eftime que les gens fouples & profondément couverts ; où l'on fe rit de la fimplicité du jufte ; où l'on donne à l'indifférence & à la haine , tous les dehors de l'amitié ; où l'on fe fupplante avec bienféance ; où l'on fe trompe avec cérémonie ; où l'on fe détruit avec refpect, où l'on fe trahit par compliment.

L'Homme eft un monftre qui dévore fes propres adorateurs ; il étouffe ceux qu'il embraffe ; il écarte ceux qui l'approchent ; il infulte à ceux qui tombent ; il s'oppofe à ceux qui fe relevent ; il craint, il hait ceux qui profperent.

Non ! la Nature ne voit point dans

fon fein de monftre plus étrange , & plus affreux , que l'Homme vis-à-vis de fon égal ! Combien de fois l'Homme eft perfide dans fes careffes ! S'il fecourt fon femblable, fon orgueil diftribue les affronts avec les bienfaits ; fa pitié outrage l'infortuné , en lui tendant la main.

L'Homme eft pour l'Homme le fléau le plus cruel, & le plus inévitable : le grain noircit l'horifon, & préfage la tempête. Avant de s'abîmer, les tours s'entrouvrent. Un tonnerre fouterrain annonce l'explofion enflammée des volcans. La terre tremblante avertit qu'elle va s'entrouvrir ; la fumée ondoyante décele l'incendie. Mais la foudre qui part des mains de l'Homme, ne brille, ne tonne, qu'à l'inftant où elle écrafe. Il cache de plus en plus fon poignard fous le manteau de l'amitié , jufqu'à ce qu'il l'ait appuyé fur le cœur de fa victime.

Du Pouvoir humain.

« On voit auſſi quels avantages in-
» finis réſulteroit pour le Juge , qui
» auroit obtenu d'être vraiment l'or-
» gane de cette cauſe intelligente ,
» temporelle & univerſelle ; il trou-
» veroit dans elle une lumiere ſûre qui
» lui feroit diſcerner ſans erreur l'inno-
» cent d'avec le coupable.

» C'eſt donc pour cela, qu'aux yeux
» du Juge même, le plus important
» de ſes devoirs eſt de chercher à dé-
» mêler la vérité , dans la dépoſition
» des témoins ; or comment pourra-
» t-il y réuſſir ſans le ſecours de cette
» lumiere que je lui indique , comme
» ſon ſeul guide en qualité d'Homme,
» & comme devant l'accompagner à
» tous les inſtans ».

Les Hommes ſont ce qu'on les fait
par l'éducation, & ils ſeroient infailli-
blement meilleurs, s'ils étoient plus
inſtruits : le moyen de les rendre

juftes, feroit de leur donner des idées de juftice ; la Jurifprudence deviendroit inutile. De toutes les fciences, il n'en eft prefque pas de plus néceffaire , ni de plus négligée , & tous les abus naiffent prefque toujours de l'ignorance ; moins il y aura des ignorans , moins il y aura des dupes.

Depuis l'établiffement de propriété, les hommes n'ont encore pu déterminer la façon de l'entendre , ni la maniere de l'appliquer ; chaque Nation a eu fes loix particulieres ; chaque pays fes coutumes ; chaque Légiflateur, chaque Jurifconfulte fes opinions différentes ; d'où font réfultées les fraudes, les injuftices , les haines , les animofités , les défordres , le dédale de la chicane ; la fortune des uns fur la ruine des autres, en un mot, une grande partie des maux que l'on connoît , dans le détail defquels il eft inutile d'entrer.

Il faudroit , pour bien faire (fui-

vant le fentiment de l'Auteur) fe fervir des Efféniens en qualité des Juges,
qui difoient être en commerce avec
les Anges ; ils croyoient avoir des
vifions prophétiques, en apprenant par
leur moyen la fcience de Dieu & de
la Nature, & poffèder feuls les fecrets d'une Théologie myftique, qu'ils
ne divulguoient pas plus que leurs myf.
teres ; ils fe vantoient de leurs connoiffances en Chymie, & en Médecine ; qu'ils prétendoient acquérir en
méditant cette même Nature dans laquelle ils trouvoient une foule d'allé-
gories.

Les Bonzes de la Secte de Laokium
en Chine, s'occupoient auffi aux Sciences occultes, & fur-tout dans la recherche du breuvage de l'Immortalité ; c'eft l'effufion des eaux de la
fontaine Siloé, dont les Juifs attri-
buent l'inftitution à la loi orale donnée
à Moyfe, fur le mont Sinaï ; Loi que
ce Légiflateur (difent-ils) a défendu

d'écrire, & qu'il n'a confiée qu'à une tradition secrette.

Du droit des Souverains & de la guérison des Maladies.

« POUR augmenter l'idée que les
» Souverains en doivent prendre, mon-
» trons-leur à-présent que ce même
» principe dont ils devroient attendre
» tant de secours, pourroit aussi leur
» communiquer ce don puissant que
» j'ai placé précédemment au nombre
» de leurs privileges, celui de guérir
» les maladies.

» C'est pour cela que la Médecine
» se doit réduire à cette regle simple
» & unique, par conséquent univer-
» selle, *rassembler ce qui est divisé, &*
» *diviser ce qui est rassemblé, &c.* »

Long-tems avant Hyppocrate, les
Prêtres & les Rois étoient dépositaires du secret de la Médecine universelle, comme je l'ai fait voir auparavant, mais le mauvais principe ayant

dominé depuis long-tems , le genre humain a changé de face : maintenant les Souverains me paroîtroient bien exposés , s'ils avoient le privilege de guérir les maladies , suivant l'idée de l'Auteur ; comme il y a plus de Sujets que de Souverains , ils ne feroient , par conséquent occupés que de la guérison de leurs Sujets , & feroient forcés d'abandonner le gouvernement du Royaume aux Médecins , pour ne s'occuper que des chofes étrangeres à leur Etat.

La jaloufie leur fufciteroit des ennemis fans nombre : toujours chancelans fur le trône , la crainte feroit à tout moment autour du Monarque , ils ne pourroient faire un pas avec confiance ; au contraire , il feroit à fouhaiter que partie de la Nation fût à même de leur procurer la fanté dans le befoin , & qu'ils fuffent fans relâche gravés dans le cœur de leurs Sujets ; au moindre dérangement , tous

s'empresseroient à leur porter le re-
mede ; ce seroit la plus grande satis-
faction qu'un bon Citoyen devroit en
attendre ; la seule réussite feroit sa
gloire.

Hyppocrate refusa la récompense
d'un grand Peuple, qui en avoit reçu
du soulagement, en disant qu'il falloit
qu'un art libre, comme le sien, fût
exercé libéralement, ajoutant que ceux
qui le pratiquent avec intérêt rédui-
sent à l'esclavage les plus nobles sciences.

On ne doit envier, d'un rang élevé, que l'avantage de faire des heureux, & si la raison fait l'homme, le
sentiment doit le conduire.

Il paroît que l'Auteur a mal inter-
prêté ces paroles sur la Médecine universelle dont il veut parler, en disant
de rassembler ce qui est divisé, & *de diviser ce qui est rassemblé*, qu'il ne trouvera jamais de même, dans aucun
Auteur Philosophe ; il auroit mieux

dit *divifer ce qui eft raffemblé, & raffem-bler ce qui eft divifé ;* parce que, fuivant l'axiome des Sages, dont j'ai déjà parlé, il faut divifer les élémens (phi-lofophiquement parlant) les purifier, & les réünir enfuite, pour en for-mer une quinteffence qui renferme les quatre Elémens, les trois Regnes, & les trois Principes : ce qui conftitue le nombre demandé.

Hermès l'enfeigne lui-même, lorf-qu'il dit que c'eft une feule chofe, une feule fubftance , une Nature ; voici comme il s'explique :

» Commence au nom de Dieu, & » connois la nature de notre méde-» cine, car elle procede de la racine » de fa matiere, parce qu'elle eft de » cette racine, & dans cette racine, » & rien n'entre en elle, qui n'ait » procédé d'elle, & qui n'en foit for-» ti ».

En effet, rien ne convient à une chofe que ce qui eft plus proche de fa nature, parce que chaque chofe aime fon femblable.

Elle reffemble à un arbre duquel les rameaux, les feuilles, les fleurs, & les fruits, font de lui, en lui, avec lui & par lui.

Tous les Auteurs s'accordent à dire que dans le *mercure eft tout ce que cherchent les Philofophes*, mais non dans le mercure vulgaire.

Le Cofmopolite appuie cette vérité, en difant que d'un il s'en fait deux, & de deux un, & rien de plus, à quoi fe terminent toutes les opérations philofophiques.

Un Tailleur fera un habit avec un feul drap, il divifera le drap, & le réunira enfuite, tant pour en faire le corps, que les manches, qui ont différens noms, mais le tout eft forti d'un feul drap, quoique les noms des pieces foient différens; c'eft la même chofe dans la Médecine dont veut parler l'Auteur ; *il faut donc divifer ce qui est rassemblé, & rassembler ce qui est divisé.*

Pour pouvoir distinguer les branches, il faut connoître le tronc, & étudier la Nature, la suivre de près, pour pouvoir l'imiter; il faut connoître cet esprit de Dieu qui étoit porté sur les eaux lors de la création; c'est le Verbe incarné, c'est Adam & Eve dans le Paradis terrestre, qu'il faut unir, pour en avoir un fils digne du pere, & de la mere, dans l'état de pureté.

(Par l'union d'Adam & Eve, il paroîtroit que le sentiment de l'Auteur seroit conforme à ce que je dis; il faut remarquer qu'Eve a été formée d'Adam.)

C'est l'habitacle de tous les trésors celestes; le labyrinthe à sept portes; l'hydre à sept têtes; le chandelier à sept branches; le Ciel à sept Planettes; la fontaine de sept métaux; l'Héter de sept dons de sagesse & de lumiere;

le globe de sept esprits influans vie ; le foyer de sept illuminations ; la lanterne magique de sept opérations naturelles ; la boëte de sept phioles aurifiques de parfums odoriférans & salutaires ; le Livre de vie dont parle l'Auteur, fermé de sept sceaux ; le fruit de vie, ou la vie active vivifiant tout individu, parce qu'il est le fondement universel ; c'est l'arbre de vie, au milieu du Paradis terrestre, qui donne des feuilles & des fruits pour la santé des Nations ; car suivant Salomon, dans sa Sagesse, ch. 1, v. 7, 13 & 14. Dieu a rendu tous les Hommes capables de se procurer la santé, par la Médecine, que, de l'expression de l'Ecclésiastique, ch. 28, v. 4, il a mise sur la terre, que l'Homme sage ne méprisera pas, pour la conservation & prolongation de ses jours. Dans le chapitre premier, v. 6, qu'il y a bien peu d'élus qui aient la révélation de la racine de la sagesse ; heureux ce-

lui qui la trouve, ajoute Salomon, en
ses Proverbes, ch. 3, v. 2, 8, 12,
&c.; car elle est sa propre vie, &
la santé de toute chair; au chap. 7,
v. 8, &c. que c'est un trésor infini sans
prix.

Le nombre septénaire est si mystérieux chez les Philosophes, ainsi que
le nombre de trois, qu'ils ne l'ont
jamais confié que sous le secret d'Harpocrate.

Il est composé du nombre trois qui
est sacré & divin, & de quatre qui
est le nombre élémentaire; c'est pourquoi le nombre sept est consacré dans
les Livres saints, par un grand nombre
d'événemens & de circonstances mys-
térieuses.

Dieu a créé le monde en six jours
& s'est reposé le septieme; non-seulement il est en honneur chez les Hébreux, par le repos du Sabat; mais
toutes les sept années sont aussi con-

facrées au repos de la terre par le nom de l'année fabatique.

Dans le ftyle des Prophetes, une femaine marque fouvent fept années. Jacob fert pendant fept ans fon beau-pere Laban pour chacune de fes filles; le fonge myftérieux de Pharaon lui repréfente fept vaches graffes, fept vaches maigres; fept épis pleins, & autant de vuides & defféchés, marquant les fept années de ftérilité.

Cette affinité de fept nous enfeigne qu'un enfant fepti-mêtre peut vivre, & que l'octi-mêtre ne vit pas. Auffi-tôt qu'il voit le jour, la fep-tieme heure marque la longueur ou briéveté de la vie; car, étant expofé à l'air, s'il refpire fans difficulté, il eft né à vie, & non au contraire. Le fep-tieme jour expiré, il jette le fuperflu de fon nombril. A deux foïs fept, il dreffe la vue à la lumiere; à trois fois fept, il la tient droite & ferme, &

commence à tourner fa tête. A fept
mois les dents lui viennent ; à deux
fois fept mois, il fe tient fans crainte ;
à trois fois fept mois, il articule fa
voix & en forme la parole. A quatre
fois fept mois, il fe rend ferme à mar-
cher ; à cinq fois fept mois, il rebute
le lait de fa nourrice. A fept ans, les
dents lui tombent & les autres viennent , & fe rend ferme à prenon-
cer. A deux fois fept ans , le poil commence à venir, & il devient nubile.
A trois fois fept ans, il croît en hauteur & force. A quatre fois fept ans,
il eft en quadrature parfaite. A cinq
fois fept ans, il eft au comble de fa
force ; aux fix fois fept il la conferve
& le poil lui vient dans les oreilles ;
& à fept fois fept ans , il eft au point
de prudence confommée ; & , paffant
ce nombre, s'il arrive jufqu'à dix fois
fept, il atteint le terme le plus commun de la vie, &c.

Enfin toutes les connoiffances humaines jouissent aussi du nombre de sept, & en sont essentiellement composées ; sept jours dans la semaine ; sept âges du monde dans la Chronologie ; sept Planetes dans l'Astronomie ; sept parties nobles du corps humain, sept notes dans la Musique ; sept couleurs ; sept métaux ; tout Homme un peu instruit reconnoîtra que toute connoissance, toute lumiere, toute science est émanée d'un Dieu souverainement sage , qui a voulu que tout fût exécuté dans ce vaste univers par poids, nombre & mesure.

DES TROIS ÉLÉMENS,

Trois Maladies, Maladie de la Peau.

« C E s trois especes de maladies
» concernent chacune une des subs-
» tances principales, dont le corps
» de l'animal est composé, c'est-à-
» dire le sang, l'os & la chair, trois
» parties qui sont relatives à l'un des
» trois élémens dont elles proviennent.
» Ce sera donc par ces mêmes élé-
» mens qu'elles pourront recevoir leur
» guérison : ainsi la chair se guérira
» par le sel, le sang par le soufre, &
» les os par le mercure ; le tout avec
» préparation & les tempéramens con-
» venables ».

L'Auteur Philosophe a pris les principes provenant des Elémens pour les
Elémens mêmes. Les maladies différentes en apparence ne sont que les
trois Principes sortis de l'ordre, & de

l'accord dans lesquels ils devroient être ; les principes de sel , soufre & mercure dont j'ai parlé , proviennent des quatre Elémens , comme je l'ai démontré à l'article de la progression quaternaire. Les os se rapporteroient plutôt au sel , & la chair au mercure.

Je dis donc que la Nature est une , vraie , simple , entiere en son être , que Dieu l'a faite devant tous les siecles , & lui a enclos un certain esprit universel ; ainsi d'une chose tous les êtres ont pris leur origine : conséquemment les regles fondamentales des Anciens , tirées des mouvemens naturels , tous ces mouvemens soutenus par des mécaniques , & leurs raisonnemens accompagnés d'expériences , les ont déterminés à n'adopter que trois principes , savoir sel , soufre & mercure.

S'il est donc vrai qu'il n'y ait que trois Principes qui composent tous les

ouvrages que nous voyons dans la Nature, ils doivent être le principe de
la fanté, de même que de la maladie, puifque la fanté n'eft qu'un accord de ces principes ; la maladie au
contraire procede du dérangement de
ces mêmes principes. Quant à ce qui
concerne l'ordre, dans lequel il faut
qu'ils foient, pour faire cette fanté,
qui n'en eft qu'un jufte mélange, cela
fe doit prendre du côté du poids, de
la quantité proportionnée, de leur
bonne coction, digeftion, de la fixité, du refferrement, de leur volatili-
té, & de l'uniformité de nature, dont
il faut qu'ils foient, lorfqu'ils viennent
à fe mêler avec les compofés, ou
avec les liqueurs qui fe trouvent dans
chaque réfervoir ou miniere particuliere placée dans l'Homme, que nous
devons regarder, comme un monde
en mignature, qui, pour cette raifon,
eft appellé *Microcofme*, ou *petit
Monde*, qu'il eft le centre où tout

aboutit, & renferme la quinteſſence de tout l'univers. Il participe aux vertus, & aux propriétés de tous les individus. Le Créateur a renfermé dans lui, comme dans une boëte de Pandore, tous les dons & les vertus des choſes ſupérieures & inférieures, comme n'ayant qu'une même ſource & une même matiere pour principe, & conſervant entr'eux une ſympatie qui fait que les plus purs, les plus nobles, les plus forts communiquent à ceux qui le ſont moins, toute la perfection dont ils ſont ſuſceptibles.

Il eſt vrai que les regles preſcrites par les Anciens, étant remplies d'obſcurités, & les ténebres dont les traductions les ont environnées ayant jetté ceux qui les ont embraſſées avec tant de confiance, dans l'égarement, il n'eſt pas étonnant que les ayant ſuivies à la lettre, comme principes certains les malheureuſes conſéquences ſoient tombées ſur les malades : il ne faut point s'en rapporter à la lettre, mais à l'efprit ; la lettre tue, l'efprit vivifie.

Cependant toute perfonne qui voudra fe donner la peine de fuivre l'idée des Anciens, en étudiant la Nature, verra qu'il n'y a que trois principes, d'où dérivent toutes les maladies, & que ces mêmes maladies différentes en apparence, tant par le fiége, la qualité des principes, le différent domicile qu'elles ont établi, foit dans l'œil, dans la rate, &c. ne font que ces trois principes fortis de l'ordre, & de l'accord, dans lefquels ils devroient être ; cela étant, ces principes ou la matiere qui les repréfente, doit être regardée comme la caufe & la maladie tout enfemble. Ce font ces caufes qu'il faut abfolument connoître, pour pouvoir les rétablir dans le mouvement & l'union qui leur eft néceffaire ; & comme il ne peut y avoir que trois caufes effentielles, favoir fel, foufre,

& mercure, quelque part que ces trois principes foient en défaut, il ne doit par conféquent y avoir que trois maladies, favoir maladie dans le fel, maladie dans le foufre, maladie dans le mercure, & quelque mauvaife qualité qui puiffe accompagner ces principes, les accidens pourront bien être différens, mais jamais la maladie ne le fera.

Du Mouvement immatériel.

« QUOIQUE dans le fenfible, le
» mouvement, & l'étendue foient né-
» ceffairement liés l'un à l'autre, cela
» n'empêche pas que dans la claffe
» fupérieure, il ne doive y avoir éter-
» nellement un mouvement ou une
» action, quand même rien de fen-
» fible ne feroit exiftant, & dans ce
» fens, on peut dire avec certitude,
» que quoiqu'on ne puiffe concevoir
» d'étendue fans mouvement, il eft
» cependant inconteftable, qu'on peut
» concevoir

» concevoir du mouvement fans éten-
» due, puisque le principe du mouve-
» ment, soit sensible, soit intellec-
» tuel, est hors de l'étendue ».

On peut plutôt concevoir un repos
constant, dans l'étendue ; mais comme
l'Auteur remonte, sans doute, à la
cause premiere, qui est Dieu, il est
certain qu'il est hors de l'étendue,
mais c'est dans l'intellectuel.

Dans le sensible, il ne peut y avoir
du mouvement sans étendue : que ce
soit l'effet de l'action, ou l'action même, quoiqu'inséparables, il faut nécessairement de l'étendue, soit dans l'action, ou dans l'effet ; l'action n'est jamais sans mouvement, ou pour mieux
dire l'action & le mouvement ne sont
qu'une même chose; d'où vient qu'un
être dans le repos, commence à se
mouvoir, quand il commence d'agir.

Il faut distinguer trois sortes de
mouvemens dans la Nature, comme
il y a trois manieres d'agir ; le pre-

mier se fait sans sentiment, & sans raison, comme on le remarque au végétal & au minéral, & dans les Cieux. Le second se fait avec sentiment & connoissance, comme nous le voyons dans tous les animaux. Le troisieme ajoute la raison au sentiment, comme nous observons dans l'Homme, qui agit sur des idées, qui se propose une fin, qui a le discernement du bien & du mal, & qui possede avec la liberté de faire avec haine, ou de poursuivre avec amour, les différens objets qui se présentent.

De la Ligne circulaire

« EFFECTIVEMENT quelque nouveau
» que cela doive paroître, je ne puis
» me dispenser d'avouer que l'étendue
» & la ligne circulaire, ne sont qu'une
» même chose, c'est - à - dire qu'il
» n'y a d'étendue que par la ligne
» circulaire, & réciproquement qu'il
» n'y a que la ligne circulaire qui soit

» corporelle & fenfible , c'eft-à-dire ,
» enfin que la Nature matérielle &
» étendue ne peut être formée que
» de lignes qui ne font pas droites ;
» ou ce qui eft la même chofe , qu'il
» n'y a pas une feule ligne droite dans
» la Nature.

» Je n'ai qu'un mot à dire, avant
» d'en venir là , qui eft que fi les
» Obfervateurs euffent examiné ceci
» de plus près , ils auroient réfolu
» depuis long-tems une queftion qui
» n'eft pas encore decidée clairement
» parmi eux , favoir fi la génération
» & la reproduction fe font par des
» œufs ou par des vers , ou animaux
» fpermatiques , ils auroient vu que
» rien n'étant fans enveloppe , ou
» toute étendue étant circulaire , tout
» eft ver dans la nature , parce que
» tout eft œuf , & réciproquement
» tout eft œuf, parce que tout eft
» ver ».

L'Auteur s'efforce de perfuader qu'il

n'y a pas une ligne droite dans la Nature, parce que l'étendue, dit-il, & la ligne circulaire font la même chofe, & que la génération & reproduction fe font par des œufs ou vers. Suivant le fyftème d'Harvey, *omnia ex ovo,* Si tout eft circulaire dans la Nature matérielle, il doit y avoir un centre; s'il y a un centre, il doit y avoir un rayon, pour fi petit qu'on puiffe l'imaginer, par conféquent une ligne droite. Il ne peut être rayon & centre tout enfemble; le rayon formant le ternaire, c'eft-à-dire le lien du centre avec la circonférence,

Comme c'eft ici un point de Phyfique, & que l'on peut être du fentiment de Newton à cet égard, je me ferai une loi de ne pas m'écarter des principes d'un fi grand Homme, qui établit trois regles générales que je vais rapporter.

PREMIERE REGLE.

« Tout corps qui n'eſt pas en mou-
» vement, perſévere dans ſon état de
» repos ; & tout corps qui eſt en
» mouvement, continue de ſe mou-
» voir dans la direction, & avec le
» degré de vîteſſe qu'il a reçu juſqu'à
» ce qu'une cauſe nouvelle l'oblige à
» changer d'état.

SECONDE REGLE.

» Le changement qui arrive au
» mouvement d'un corps, eſt tou-
» jours proportionnel à la cauſe qui le
» produit, & il ſe fait toujours ſui-
» vant la ligne droite ».

Il faut remarquer qu'il dit, que ce
changement ſe fait ſuivant la ligne
droite, parce que par la premiere
regle générale, tout corps tend à con-
ſerver la direction qu'il reçoit ; l'effet
eſt proportionnel à ſa cauſe, donc ce
qui eſt énoncé dans la ſeconde regle

générale, est exactement vrai, ce qui démontre les lignes droites, comme je le ferai voir plus bas.

De la Terre, & de la Pluralité des Mondes.

« C'est peut-être cette fausse com-
» binaison qui aura conduit l'Homme
» à cette autre combinaison plus fausse
» encore, par laquelle il affecte de
» ne se pas croire digne, de lui-
» même, des regards de son Auteur;
» il a cru n'écouter que l'humilité en
» refusant d'admettre que cette terre
» même & tout ce que l'univers con-
» tient, n'étoient faits que pour lui, il
» a feint de craindre de trop écouter
» son orgueil, en se livrant à cette
» pensée.

» Mais il n'a pas craint l'indolence
» & la lâcheté qui suivent nécessai-
» rement de cette feinte modestie, &
» si l'Homme évite de se regarder au-
» jourd'hui comme devant être le Roi

» de l'univers, c'eſt qu'il n'a pas le
» courage de travailler à en recou-
» vrer les titres, que les devoirs lui
» en paroiſſent fatiguans, & qu'il craint
» moins de renoncer à ſon état & à
» tous ſes droits, que d'entreprendre
» de les mettre dans leur valeur.

» Cependant s'il vouloit un inſtant
» s'obſerver lui-même, il verroit bien-
» tôt qu'il devroit mettre ſon humi-
» lité à avouer qu'il eſt avec raiſon
» au-deſſous de ſon rang, mais non
» à ſe croire d'une nature à n'avoir
» jamais pu l'occuper, ni à ne pou-
» voir jamais y rentrer.

» Que ne puis-je montrer les rap-
» ports qui ſe trouvent entre cette
» terre & le corps de l'Homme, qui
» eſt formé de la même ſubſtance,
» puiſqu'il en eſt provenu.

» On y verroit auſſi que cette terre
» lui doit être reſpectable, comme ſa
» mere, & qu'étant, après la cauſe
» intelligente & l'Homme, le plus

I 4

» puiſſant des êtres de la Nature tem-
» porelle, elle eſt elle-même la preuve
» qu'il n'exiſte pas d'autres mondes
» corporels que celui qui nous eſt
» viſible.

» Car cette opinion de la pluralité
» des mondes eſt encore priſe dans la
» même ſource de toutes les erreurs
» humaines.

» Comme ſi cette exiſtence à part
» étoit compatible avec l'idée que
» nous avons de l'unité, & comme
» ſi, en qualité d'être intellectuel,
» dans le cas que ces mondes exiſ-
» taſſent, l'Homme n'en auroit pas la
» connoiſſance ».

Quel eſt l'Homme qui ſe croira
aſſez préſomptueux, de pouvoir recouvrer ſon premier état ? Quoique
ſon ame ſoit immortelle, elle eſt en-
veloppée d'un corps ténébreux & pé-
riſſable ; quoique ſon eſprit ſoit inquiet
& léger, le corps terreſtre eſt toujours
infirme, ſes mœurs ſont différentes,

mais fes erreurs font femblables ; toujours entreprenant, efpérant jufqu'au
dernier foupir ; travaillant vainement ;
fujet aux caprices de la fortune ;
trouvant la fin d'une vie qu'il paffe
dans des miferes continuelles.

J'ai démontré dans l'article de la
végétation que la terre que nous habitons, n'eft que les feces ou *caput
mortuum*, qui ne peut rien d'elle-
même. Cette terre n'eft pas celle dont
Dieu s'eft fervi pour former l'Homme.
J'ai fait voir dans l'Article de la Nature de l'Homme, que Dieu compofa
fon corps du limon extrait de la plus
pure fubftance de tous les corps créés.

Son efprit de ce qu'il y avoit de plus
parfait dans la Nature ; & lui donna
une ame faite (fi je puis me fervir de
cette expreffion) par une efpece d'ex-
tenfion de lui-même.

Je regarde par conféquent la terre
que nous habitons, comme une terre
morte, le réceptacle de tous les

mixtes ; qu'elle ne peut rien d'elle-même , comme je l'ai démontré.

Quel est le Juge qui decidera la question du oui, ou du non, sur la pluralité des Mondes ? La terre que nous habitons ne fait aucune preuve de la fausseté, ou réalité de ce systtême ; ce que l'imagination enfante, l'imagination peut le détruire : il suffit d'être Homme pour se tromper, & ce qu'on appelle communément raison , n'est souvent que folie , ce qui paroît juste & raisonnable , n'est ordinairement que mensonge & illusion ; comme s'il étoit attaché à notre Nature de choisir ce qui lui convient le moins.

L'Architecte de l'Univers, qui a bâti des globes plus vastes que le nôtre , auroit pu, par sa seule volonté créer d'autres habitans, dans ces climats différens de la terre, où jamais mortel n'aborda : il faut avouer de bonne foi que le cercle où l'Homme voyage est étroit ; quoique debout sur le sommet

de la Nature, & que ſes regards do-
minent ſon enceinte, il voit toujours
des milliers de Cieux & de Mondes
rouler ſous ſes pieds avec admiration,
ſans ſavoir le nom de ces contrées, du
domaine immenſe du Maître à qui tout
obéit.

Quelle variété dans les ouvrages du
Créateur! La raiſon eſt-elle ici ſur un
trône? Regne-t-elle en ſouveraine ſur
les ſens? Quand ſon flambeau s’éteint,
en avons-nous un ſecond dont la lumiere nous guide? Nous ſommes ſur
cette terre, comme dans un hôpital,
où ſont les fous de l’univers. La raiſon
y eſt inſenſée, & ſouvent y joue le
rôle de la folie.

Les verres d’optique ont révélé à
nos yeux étonnés l’exiſtence d’êtres
infiniment petits, que nous n’aurions
jamais ſoupçonnés, & que l’imagination ne peut ſuivre la raiſon qui les
voit, & les démontre.

L’erreur ſera toujours dans le défaut, & jamais dans l'excès. Quel effet peut paroître trop grand, quand on songe à la cause ?

De la Division circulaire.

« IL est faux de dire que ce sont
» les Géometres qui l'ont divisé en
» 360 degrés, comme étant la divi-
» sion la plus commode , & celle qui
» se prêtoit plus facilement à toutes
» les opérations de calcul.

» Cette division de cercle en 360
» degrés , n'est point du tout arbi-
» traire, c'est la Nature même qui nous
» la donne , puisque le cercle n'est
» composé que de triangles , & qu'il
» y a six triangles équilatéranx, dans
» toute l'étendue de ce même cercle.

» Qu'on suive donc , si l'on a des
» yeux, l'ordre naturel de ces nom-
» bres, qu'on y joigne le produit qui
» est la circonférence ou le zéro, &
» qu'on voie si ce sont les hommes
» qui ont établi ces divisions.

» Faut-il expofer foi-même l'ordre
» naturel de ces nombres ? Toute pro-
» duction quelconque eft ternaire,
» *trois*, il y a fix de ces productions
» parfaites dans un cercle, ou fix
» triangles équilatéraux, *fix* ; enfin la
» circonférence elle-même complette
» l'œuvre, & donne neuf ou *zéro*. Si
» l'on veut donc réduire en chiffres
» tous ces nombres, nous aurons pre-
» mierement 3 , fecondement 6 , &
» enfin o , lefquels réunis donneront
» 360 ».

Les Anciens ont exprimé la Divinité par une fimple figure ronde , qui
eft un cercle , pour fignifier que la
Divinité n'a ni commencement ni fin ,
qu'elle eft un être unique & parfait ,
comme le cercle eft l'unique figure
la plus parfaite de toutes les figures
géométriques.

Qui plus eft , ils ont formé les
lettres à cette intention. Ils ont compofé des lignes droites & courbes ,

afin que par la compofition & la conjonction d'icelles, ils puiffent former
des mots, pour pouvoir par-là exprimer des myfteres, & les rendre ma-
nifeftes à ceux qui font les recherches infatigables des merveilles de
Dieu & de fa nature.

Il y a un commencement de toutes chofes, & tout retourne à l'u-
nité qui eft dans le centre. Il n'y a
rien outre cette unité, & tout ce
qui exifte defire la même unité, à
caufe que toutes chofes ont pris leur
origine de l'unité ; car, comme tous
les êtres font étendus d'un feul en
plufieurs, ils font inclinés de retour-
ner à l'être duquel ils font fortis.

C'eft pourquoi nous attribuons l'u-
nité circulaire à Dieu qui, étant
lui-même unique & fans nombre, a
pourtant créé des êtres innombrables,
& comprend en lui toutes les lignes ;
lettres, nombres, caracteres & figures qui ont leur principe & leur

fource d'un feul point, qui eft fans nombre, comme j'ai dit ci-deffus.

Le defir de favoir eft naturel à l'Homme; la curiofité eft inféparable de fon efprit; il n'eft jamais en repos qu'il n'ait acquis une parfaite connoiffance des chofes, c'eft-à-dire, qu'il ne foit favant, ce qui a formé les premiers Philofophes qui, par leurs combinaifons, ont inventé le calcul, ayant étudié la nature avec plus d'attention que nous; ils en connoiffoient toutes les propriétés, & par-là fe font plus approchés des premiers principes. C'eft donc les Géometres qui ont trouvé la propriété du nombre 360, pour former les degrés de la circonférence, & non la nature; car fi les hommes n'euffent pas cherché à découvrir le calcul, nous ferions encore dans l'ignorance. Ce n'eft rien prouver, en difant, qu'il eft faux que ce foit l'Homme, & que c'eft la Nature qui donne ce cal-

cul, parce que le cercle n'eſt compoſé que de triangles, & qu'il y en
a ſix équilatéraux. N'eſt-ce pas le
Géometre qui a trouvé de même les
triangles, comme les 360 degrés ?

Toute production quelconque eſt
ternaire *trois*, & il y a ſix de ces
productions parfaites dans un cercle,
qui formeroient, ſuivant la regle
même de l'Auteur, le nombre *dix-
huit*, & non pas *ſix*, puiſque ſix productions de trois chacune forment
dix-huit en nombre, ce qui prouve-
roit la fauſſeté de ſon calcul.

L'Auteur n'a écrit cet article ſim-
plement que pour démontrer qu'il
étoit en état de décompoſer ce nombre, qu'il n'auroit peut-être pas trouvé
lui-même, s'il n'eût exiſté avant lui.

Il eſt indubitable que les Arabes,
(ſuivant ce ſyſtême) ont été les
premiers qui ont trouvé, dans la
Nature, la propriété du nombre 360;
car les Romains, avec leurs chiffres,

différens de ceux des Arabes, n'auroient jamais pu trouver, par la
même combinaiſon, un pareil nombre qui eût rapport à cette production ſi bien démontrée.

Tout Phyſicien doit connoître les
choſes par leurs cauſes ou principes.
Il eſt donc certain que tout le ſoin
d'un Phyſicien doit être dans la recherche des principes de la Nature,
& de tout ce qui ſe paſſe dans le
monde. Il ne faut pas croire ceux qui
ont inventé la Géométrie plus ignorans que nous ; ils étoient originaux,
nous ne ſommes que des copies.

Du Nombre quaternaire.

« VENONS actuellement aux raiſons
» pour leſquelles le nombre quatre
» eſt celui de la ligne droite.

» Je dirai, avant tout, que je
» n'emploie pas ici le mot de ligne
» droite dans le ſens qu'il a ſelon
» le langage reçu, par lequel on

» exprime cette étendue qui paroît
» avoir à nos yeux le même aligne-
» ment ; &, en effet, ayant démon-
» tré qu'il n'y avoit point de ligne
» droite dans la Nature fenfible, je
» ne pouvois adopter l'opinion vul-
» gaire à cet égard, fans tenir une
» marche contradictoire avec tout ce
» que j'ai établi. Je regarderai donc
» feulement la ligne droite comme
» principe, & comme telle étant
» diftinguée de l'étendue.

» De plus, comme cette manifef-
» tation quaternaire n'a lieu que par
» l'émanation du rayon hors de fon
» centre ; que ce rayon qui fe pro-
» longe toujours en ligne droite eft
» l'organe de l'action du principe cen-
» tral ; que la ligne courbe, au con-
» traire, ne produit rien, & qu'elle
» borne toujours l'action & la pro-
» duction de la ligne droite ou rayon,
» nous ne pouvons réfifter à cette
» évidence, & nous appliquons fans

» crainte le nombre quatre à la ligne
» droite ou au rayon qui la repré-
» sente, puisque c'est la ligne droite
» ou le rayon seul qui peuvent nous
» donner la connoissance de ce nom-
» bre ».

Je crois avoir démontré plus haut le rapport du rayon à la ligne droite hors du centre, le rayon étant une émanation du centre. La ligne droite doit exister s'il y a une circonféren-ce, & la circonférence ne pourroit exister s'il n'y avoit point de centre ; l'un ne peut être sans l'autre.

Il n'y auroit point de rayon s'il n'y avoit point de centre, parce qu'il n'est pas possible de joindre un centre à une circonférence sans rayon. Voilà *le ternaire inséparable de toute production*, & quoique la circonfé-rence (comme dit l'Auteur) borne le centre, elle ne peut le borner sans y avoir un diametre, pour si petit qu'on puisse l'imaginer ; sans cela, on ne pourroit pas dire qu'il y eût un centre ni circonférence : & comme un diametre, formant deux rayons, eſt une ligne droite, on ne peut que l'admettre, étant une des produćtions abſolues du centre à la circonférence.

La circonférence eſt compoſée de ſix triangles équilatéraux. Les triangles compoſés de lignes droites, & ces triangles diviſibles preſqu'à l'infini, ſeront toujours compoſés de lignes droites ; donc l'Auteur ſe trompe, diſant qu'il n'y a de lignes droites que dans le quaternaire.

Il forme des quarrés. On ne peut conteſter que ce ſont autant de lignes droites, que dans tous les quarrés il y a des diagonales qui forment des triangles ; donc la ligne droite exiſte, malgré le ſyſtême de l'Auteur, dans toutes les produćtions qui exiſtent dans la Nature.

Des Révolutions de la Nature.

« CE qui éclairoit l'Homme là-def-
» fus, c'eft qu'en obfervant les quatre
» régions dont nous parlons, il ver-
» roit qu'il y en a une qui dirige,
» une qui reçoit, & deux qui réa-
» giffent ; de-là il verroit que les
» défaftres dont la terre offre uni-
» verfellement les veftiges, appar-
» tiennent néceffairement à l'action
» de deux régions actives, oppofées,
» favoir, de celle où regne le feu,
» & de celle où regne l'eau : alors
» il n'attribueroit plus les effets dont
» fes yeux font témoins tous les jours
» à l'élément feul qui paroît les pro-
» duire, parce qu'il reconnoîtroit que
» ces révolutions font le réfultat du
» combat continuel de ces deux en-
» nemis, dans lequel l'avantage de-
» meure tantôt à l'un tantôt à l'au-
» tre ; mais auffi dans lequel l'un des

» deux ne peut être vainqueur, fans
» que le lieu de la terre où s'eft
» paffé le combat n'en fouffre à pro-
» portion, & n'en reçoive des alté-
» rations & des changemens ».

L'Auteur fait voir, par les quatre
régions & par l'action & réaction,
qu'il admet l'air (comme élément),
& le feu agiffant contre l'eau & la
terre, parce que le feu feul ne pourroit agir contre l'eau, fans un milieu
qui eft l'air, participant de l'un &
de de l'autre ; donc il faut, de toute
néceffité, l'admettre comme élément
uni aux trois autres.

Si le feu agiffoit tout feul, fans
un milieu, l'action feroit trop forte,
s'il n'étoit tempéré. Deux extrêmes
ne pouvant s'unir que par des moyens,
l'eau & l'air étant analogues avec le
feu & la terre, font les deux moyens
que la Nature emploie dans l'action
& réaction des individus fublunaires.

Il y a deux élémens actifs & deux passifs, qui forment le quaternaire, comme je l'ai démontré plus haut.

Des Ressources de l'Homme.

« RIEN ne paroîtra moins imagi-
» naire que ce que j'avance, quand
» on réfléchira que, même dans sa
» privation, l'Homme possede encore
» les facultés du desir & de la vo-
» lonté; qu'ainsi, ayant des facultés,
» il lui faut des attributs pour les
» manifester, puisque la cause pre-
» miere elle-même est soumise, ainsi
» que ce qui tient à son essence,
» à la nécessité de ne pouvoir rien
» manifester sans le secours de ses
» attributs.

» Mais quoique les manifestations
» que l'Homme a à faire ne soient
» nullement comparables à celles de
» la cause premiere, on ne peut
» néanmoins lui contester les facul-

» tés que nous venons de reconnoî-
» tre en lui , ainsi que le besoin
» indispensable d'attributs analogues à
» ces facultés, pour pouvoir les mettre
» en valeur ; & puisque ces attributs
» sont les mêmes que ceux par lesquels
» il a prouvé autrefois sa grandeur,
» nous verrons qu'il en devoit attendre
» aujourd'hui les mêmes secours , s'il
» avoit une volonté constante d'en
» faire usage , ou qu'il leur donnât
» toute sa confiance.

Il ne suffit pas d'avoir la volonté
pour faire ce que l'on veut, quoique
l'Homme ait ce principe intellectuel
qu'il avoit pendant sa gloire. Il n'y
a que le Créateur à qui il est permis
de dire , *fiat lux , & lux facta est ,*
(l'Homme ne peut être que le singe
du Créateur) & qui étant infiniment
libre & infiniment puissant, fait beaucoup de choses qui n'ont d'autre raison
de leur existence que sa seule volonté ;

&

& n'ayons pas la vanité de croire pouvoir recouvrer les premieres facultés que nous avons perdues.

Nous nous écartons de la source, nous descendons au lieu de remonter, c'est ce que nous n'appercevons pas ; notre orgueil est toujours la cause de notre dérangement ; c'est notre péché originel, qui ne nous quitte qu'avec la vie.

L'Homme n'envisage que le plaisir. Où il croit appercevoir son bonheur, il y trouve sa défaite, il néglige ce qu'il devroit le mieux apprendre ; car celui qui veut parvenir à la félicité doit nourrir son ame par la raison, & n'avoir pas la honte de cultiver la Sagesse qui est le sanctuaire de la saine Philosophie.

Le Traité de la Langue universelle.

« Elle donneroit la clef à tous les
» calculs, la connoissance de la cons-
» truction & composition des êtres,

K

» de même que de leur réintégration.
» Elle feroit connoître les vertus du
» Nord, la cause de la déviation de
» la boussole, *la Terre Vierge*, objets
» des Aspirans à la Philosophie Oc-
» culte.

» Tout ce que je puis donc faire
» pour montrer la correspondance
» universelle des principes que j'ai
» établis, c'est de prier mes Lecteurs
» de se rappeller, de se ressouvenir
» de ce livre de *dix feuilles*, donné
» à l'Homme dans sa premiere ori-
» gine, & qu'il a gardé de même
» depuis sa seconde naissance; mais
» on lui a ôté l'intelligence & la vé-
» ritable clef, &c. »

On ne peut connoître la *Terre Vierge* qu'en étudiant, avec attention, le livre de *dix feuilles*, donné à l'Homme dans sa premiere origine, & qu'il a toujours gardé. C'est cette *Terre Vierge* que le Philosophe doit labourer, pour en extraire la quinteſſence de tout l'univers, & qui doit enfanter un fils digne de racheter ſes freres.

J'ignore ſi l'Auteur veut parler du même livre qui apprend à connoître la *Terre Vierge* ; mais c'eſt de celui dont il eſt ici queſtion, & dont j'ai parlé plus haut.

L'Homme, depuis ſa faute, (comme je l'ai fait voir auparavant) a perdu la faculté d'y étudier avec autant de facilité, & il ne peut la recouvrer qu'après un grand travail, & en ré-trogradant ; & quoiqu'il ſoit à la por-tée de tout le monde, on ne le con-noit point.

Celui qui veut ſe rendre léger à la courſe doit s'habituer à courir ; pour être bon lutteur, il faut forti-fier ſes bras ; celui qui veut voir plus clair qu'un autre, doit avoir ſoin de ſes yeux ; enfin, l'Homme doit être plus ſenſible à la honte d'ignorer, qu'à la peine d'apprendre.

K 2

Des propriétés du Chiffre universel.

« ET vraiement, qui peut mieux
» que ce quarré nous rappeller le
» rang éminent où l'Homme fut placé
» dans son origine ? Ce quarré est
» seul & unique, ainsi que la racine
» dont il est le produit & l'image ».

C'est ce centre, ce quarré & sa racine qu'il faut connoître, ainsi que la circonférence où se trouvent les quatre qualités également balancées en jettant ses rayons diamétralement mesurés du centre à la circonférence, qui représentent les quatre lignes égales, posées en rectangle, formant le quarré équilatéral, où l'on trouve, par conséquent, la forme probable & perceptible de la quadrature du cercle, même le mouvement perpétuel.

Mais comme peu de gens sont capables de comprendre des mysteres cachés, il n'est pas à propos de les profaner & étaler aux yeux du vulgaire ; il est du devoir du Sage de les tenir secrets, sans jamais les révéler indistinctement ; car si ce malheur arrivoit au monde, tout périroit, tout seroit confondu : & les précautions que les Philosophes ont prises, & soigneusement apportées, pour ne confier leur secret qu'au silence d'Harpocrate, ou pour les subtiliser par des hyéroglyphes, font une prudence très-louable, & une fidele obéissance aux ordres de la volonté suprême.

ALLÉGORIE

SUR

LA MÉDECINE

UNIVERSELLE,

Traduite sur l'Original Anglo-Saxon de la Bibliotheque du Prince Anglo-Saxon, qui n'a jamais été traduit ni copié.

RECETTE

DE L'AMBROSIE

Servie à la Table des Dieux, aux Noces du Ciel & de la Terre ;

ALLÉGORIE

Traduite sur l'Original Anglo-Saxon de la Bibliotheque du Prince Anglo-Saxon , qui n'a jamais été traduit ni copié.

JUPITER ayant dessein de marier le Ciel & la Terre, & de les rendre égaux en vertu & en dignité, de maniere que l'un devint absolument égal à l'autre, résolut de se servir d'un Dieu, afin d'opérer des choses étonnantes.

Son choix tomba fur Mercure, fils de Maya. Ce Dieu lui parut plus propre qu'aucun autre à remplir cette augufte & importante fonction, parce que fes aîles & fa légéreté lui fournifloient les moyens d'aller & de revenir fouvent du Ciel à la Terre & de la Terre au Ciel, pour porter le meffage des deux amans qui fe chargerent de compofer l'Ambrofie, dont les nouveaux époux vouloient régaler les Dieux inférieurs, ce mets devant leur donner l'immortalité dont ils ne jouiffoient point encore.

Ils conduifirent donc Mercure dans le cabinet intérieur de leurs fecrets, & après l'avoir inftruit de l'art cabaliftique de la magie naturelle, ce Dieu fubtil commença ainfi fon opération.

Il fe tranfporta d'abord vers ces régions où le Ciel eft orné des conftellations magellaniques. Après avoir traverfé la ligne de l'orient à l'occident, il parvint à un royaume situé par trente-deux degrés & demi, où il croît, entr'autres plantes curieuses, un certain arbre nommé *Trisarchos*. Ceux qui sauront la langue du grand Aristote verront bien que ce nom renferme des vertus puissantes, puisqu'il dénote trois royaumes ou trois empires.

Les Cabalistes naturels prétendent qu'il est ainsi nommé parce qu'il renferme les trois grands principes naturels, ou parce qu'il tient aux trois regnes de la Nature ; enfin Mercure cherchoit un *Trisarchos*. Il en choisit un, grand, sain, de belle hauteur, c'est-à-dire, haut d'environ soixante-six pieds philosophiques, (car la hauteur ordinaire du *Trisarchos* est de soixante-douze pieds philosophiques). Quoiqu'ainsi que nous l'avons dit, cet arbre fût bien portant & très-sain, il se trouva cependant avoir un creux dans le milieu. Mercure en recueillit une moëlle fulfureufe, de la nature & voifine de la fontaine des jeunes colériques, & prenant fur le champ fon vol vers l'étoile du nord, il arriva, après quelques heures, en un lieu éloigné d'environ 1300 lieues marines de celui d'où il étoit parti; il y trouva un beau *Trifarchos*, auffi frais que le premier; mais au lieu de recueillir la moëlle de celui-ci, ayant apperçu une incifion que la jardiniere de ce lieu, nommée Nature, avoit faite à cet arbre, environ vingt-cinq pieds plus haut que le creux dont il avoit extrait la moëlle, il en recueillit une eau froide & de fa nature, dont il avoit befoin pour tempérer la chaleur exceffive de la gomme fulfureufe du *Trifarchos*. Afin de ne point perdre de tems, & pour employer ces deux fubftances, fœurs & homogenes, dans toute leur fraîcheur, Mercure entra dans le laboratoire de la jardiniere; & ayant emprunté un de fes vafes , pour purifier , amalgamer, fublimer & cohober philofophiquement ces deux matieres fortant d'une même racine , il en retira deux fubftances Homogenes ; l'une blanche , qu'il appella la *Femme froide* , & l'autre qu'il nomma le *Serviteur rouge*.

Ces opérations avoient déjà changé la forme des deux fubftances , au point de les rendre méconnoiffables. Le gros avoit été rendu fubtil , l'épais rendu liquide , & le liquide épais , le tout d'une nature folide , mais infiniment moins imparfaite qu'elle l'étoit avant cette premiere & indifpenfable opération ; mais Mercure favoit combien il lui manquoit encore des degrés de perfection , avant de pouvoir mettre cuver la matiere qui devoit compofer l'Ambrofie.

Ce Dieu n'étoit pas cependant peu embarraffé. Jufqu'alors il n'avoit eu befoin que du fecours de Cybele & de la jardiniere. Comme elles étoient parentes, il avoit aifément gagné leurs bonnes graces ; mais bientôt il alloit avoir befoin des Dieux fupérieurs, & fur-tout d'Apollon avec lequel il étoit brouillé, au point qu'il ne pouvoit fouffrir fa préfence, quoiqu'ils fuffent proche parens ; & dès qu'il voyoit ce Dieu, il fe diffipoit devant lui comme de la fumée. Mercure ne doutant point que fa coufine la Femme froide, étant de même nature, ne manqueroit pas d'être effrayée à la vue d'Apollon, & fuiroit ainfi que lui, ce qui rendroit fon travail vain ; & fachant auffi qu'Apollon mépriferoit le Serviteur rouge, & ne daigneroit pas jetter fur lui fes regards, fi, d'un côté, la Femme froide n'acquéroit point un degré de fixité capable de lui faire fupporter la préfence d'Apollon, & fi, de l'autre côté, le Serviteur rouge n'étoit annobli & élevé à un plus haut état, il jugea qu'il n'y avoit d'autre refsource, pour opérer ces merveilles, que de se servir d’un certain Génie, (invisible à tout autre qu’aux Dieux & aux vrais Sages,) qui tient un milieu entre le Ciel & la Terre, & communique à l’une les influences de l’autre. Ce Génie puissant, comme un autre Protée, prend toutes sortes de figures ; tantôt il est feu & invisible, tantôt il est eau & ne mouille point les mains ; tantôt il est poison, antidote, animal, herbe, métal. Il est le sperme général de tout être sublunaire, contient en soi toutes les semences. On ne finiroit point si on vouloit décrire toutes ses vertus ; son nom est *Ramver*, & Mercure connoissant que ce Génie puissant étoit le seul duquel dépendît tout le succès de son opération, il vola d’un pôle à l’autre, & parcourut bien des méridiens sur terre & sur mer, avant de pouvoir le trouver. A la fin il le rencontra dans les plaines du midi de l'Afrique, qui prodiguoit, à pleines cornes d'abondance, ses dons précieux aux imbécilles Hottentots & aux avares Hollandois qui, sans s'embarrasser de connoître son essence, se contentoient de le vendre à beaux deniers comptans, après l'avoir enfermé dans des bouteilles de verre, & c'est ce que nous appellons le *Vin du Cap*.

Le laboratoire de Mercure avoit été établi chez la jardiniere qui demeuroit près de la forêt des *Trisarchos*, vers le tropique du nord. *Ramver* reçut Mercure amiablement, & lui promit de lui être favorable, ainsi qu'à la Femme froide & au Serviteur rouge, qui se trouverent être de la famille de *Ramver*; mais telle instance que Mercure pût lui faire, pour l'engager à le suivre vers le nord, *Ramver* lui prouva, par de bonnes raisons, qu'il lui étoit impossible d'y consentir; mais il lui promit que, dans trois années lunaires philofophiques, il fe rendroit vers le nord, fur la monture dont la tête eft ornée de la double corne d'Amalthée.

Mercure fut obligé de revenir fur fes pas ; & comme il falloit qu'il attendît long-tems, de peur que la Femme blanche & le Serviteur rouge ne vinffent à s'amouracher l'un de l'autre, & à fe conjoindre illicitement, il enferma chacun d'eux dans les deux ferpens de fon caducée, & pour n'en pas manquer au befoin, & de peur qu'ils ne s'ennuyaffent feuls, il donna plufieurs compagnes & compagnons, tant à la Femme blanche qu'au Serviteur rouge.

Après les trois révolutions lunaires finies, Mercure un jour, volant au-deffus de la mer, vit deux gros marfouins qui navigoient vers le midi & déjà fe perdoient dans l'horifon ; & jettant les yeux du côté oppofé, il apperçut un grouppe d'enfans aîlés qui parfumoient l'air de leur haleine; ils enchaînoient , avec des guirlandes de fleurs , un beau mouton que Mercure reconnut pour être la monture de *Ramver*. Mercure ne perdit pas un inftant , mais il fe rendit dans une plaine verdoyante vers laquelle *Ramver* dirigeoit fa courfe. Cybele, qui déjà lui avoit été favorable , prit les Femmes froides & les Serviteurs rouges que Mercure fit fortir de fon caducée , & les mit fur fa tête, de façon qu'ils étoient comme mêlés , fans être couvers parmi les petits cheveux naiffans de Cybele. Cette Déeffe connoiffoit bien l'amour dont *Ramver* brûloit pour elle , & que fur-tout fon coufin fe plaifoit à fe jouer parmi fes naiffans cheveux ; il n'y manqua pas en effet , & il y prit tant de plaifir qu'il en verfa des larmes de joie , qui , venant à tomber fur les protégés de la Déeffe , en furent blan- chis , lavés , liquéfiés , fubtilifés , fixés & annoblis à tel point , que Mercure lui même , qui s'y attendoit bien , ne put s'empêcher d'en marquer quelque surprise.

Il profita donc du secours de la Déesse , pour répéter ses opérations autant de fois que le portoient ses instructions ; & quand il vit ses enfans en état de paroître avec honneur & dignité , il se hasarda de les présenter à Apollon. Ce Dieu puissant n'eut pas plutôt jetté les yeux sur le Serviteur rouge que , prévoyant (en sa qualité de Dieu) que bientôt cet être tiré de la fange , & né dans l'abomination , non-seulement partageroit avec lui son sceptre , mais même qu'il deviendroit si puissant qu'il perfectionneroit en peu d'heures l'œuvre qu'il employoit mille ans à accomplir, il se laissa emporter d'une terrible fureur , en prenant son arc & ses flèches , toujours sures de leurs coups , il en décocha plusieurs sur son ennemi.

Aveugle Divinité, où t'emporte ta fureur ! Tu ne vois pas que, loin de donner la mort à ton rival, chacune de tes flêches lui donne une nouvelle vigueur ? Dès la troisieme, déjà comme un aigle sublime il ose te fixer ; à la septieme, il est égal à toi ? Mais quoi ! la dixieme part ! l'arc te tombe des mains, ta fureur s'appaise, tu voles dans les bras de ton rival ; que dis-je ! il est désormais ton frere, vous voilà inséparables. Il n'est plus en ton pouvoir de lui enlever la vertu que tu lui as donnée, & loin de le desirer, tu n'aspires qu'après l'heureux moment où, dégagé du reste de ses impuretés, ton frere, qui est ton fils, regnera avec gloire, & couronnera tes autres enfans.

Diane ne voyoit pas sans inquiétude la fureur du Soleil. Elle étoit déjà d'assez mauvaise humeur. Depuis plusieurs mois, sa chasse avoit été pénible ; les frimats & les neiges avoient souvent fait perdre à ses chiens la piste des hôtes des forêts. Pour combler sa froide mélancolie, elle venoit, dans l'instant même, d'être témoin des embrassemens impudiques de Mars & de Vénus qui étoient sous les yeux même, & en compagnie de la chaste Déesse. Comme elle ne portoit sur sa tête qu'un léger croissant, sans doute ces Divinités, emportées par la véhémence de leurs desirs, avoient méconnu la pudique Diane.

La Déesse voyant encore la Femme froide que les Destins menaçoient de rendre son égale, comme le Serviteur rouge l'étoit devenu du Soleil, elle ne put résister à tant de douleur ; & oubliant sa qualité de Déesse pour se livrer à la foiblesse de son sexe, elle répandit un torrent de larmes qui bientôt inonderent l'heureuse Femme froide ; elle en augmenta encore de froideur, mais elle y gagna en fperme & en vertu, & ce qui ne s'étoit jamais vu, les larmes d'une *vierge* féconderent une *vierge*, ou plutôt la rendirent propre à être fécondée; c'eft ainfi que la Femme froide devint auffi heureufe que le Serviteur rouge l'avoit été, ainfi que leurs compagnons & compagnes qui devinrent capables d'être mariés, & de produire le Roi & la Reine, c'eft-à-dire, le Ciel & la Terre purifiés & mariés enfemble.

Mercure avoit trop bien réuffi pour ne pas achever fon ouvrage; mais comme ce qui reftoit à faire n'étoit plus qu'un jeu d'enfans & un amufement de femme, & qu'il étoit appellé ailleurs pour un meffage de Jupiter, il confia le refte de l'œuvre à fa mere Maya qui, en filant fa quenouille, le conduifit à fa perfection, en veillant feulement à tenir, dans une douce chaleur, la Femme froide

& le Serviteur rouge, que je nommerai dorénavant *le Roi & la Reine*, & que Mercure avoit enfermé dans un palais de criſtal.

Parlerai-je des ténebres qui couvrirent le lit nuptial du Roi & de la Reine, qui durerent une année & demie philoſophique ? de la cruauté de la Reine qui dévora ſon époux royal & frere ? des pleurs qu'elle verſa de repentir, qui furent tels qu'après un court regne dans la blancheur, elle ſe liquéfia entiérement, afin de rentrer dans le ventre du Roi qui, après huit années philoſophiques, réſuſcita glorieux, vêtu de pourpre & couronné d'or ? Tout cela n'eſt-il pas écrit dans les Faſtes des Sages ?

Au reſte, du corps du Roi Mercure compoſa *l'élixir des Sages* ; ce fut l'Ambroſie du banquet des Dieux aux fêtes du mariage du Ciel & de la Terre, qui ſe termina ſur le champ.

Jupiter fut content des travaux du fils de Maya, & pour lui en marquer fa fatisfaction, il permit que Mercure multipliât par dix, & dix fois dix, & dix fois cent, & dix fois mille, l'*Elixir des Sages*, tant en vertu qu'en quantité, en faifant feulement baigner le Roi & la Reine fa femme dans le fang des Serviteurs rouges & des Femmes froides, que Mercure avoit mis en réferve dans les ferpens de fon caducée, & auxquels le Roi & la Reine diftribuoient, pour récompenfe, des royaumes auffi grands que les leurs. Depuis ce tems, l'Ambrofie eft le mets ordinaire de la table des Dieux, & très-rarement ils en font part à quelques Sages leurs favoris qui, les craignant, les remercient, font le bien, jouiffent & fe táifent.

F I N.

TABLE

L.

TABLE DES MATIERES.

Fin de la Table.

APPROBATION.

J'ai lu par ordre de Monseigneur le Garde des Sceaux, un Manuscrit intitulé : *le Diadéme des Sages*, & je crois qu'on peut en permettre l'impression. A Paris, ce 3 Février 1781.

LOURDET, *Professeur Royal.*

PERMISSION DU ROI.

LOUIS, PAR LA GRACE DE DIEU, Roi de France & de Navarre : A nos amés & féaux Conseillers, les Gens tenant nos Cours de Parlement , Maîtres des Requêtes ordinaires de notre Hôtel, Grand-Conseil , Prévôt de Paris, Baillifs , Sénéchaux , leurs Lieutenans Civils , & autres nos Justiciers qu'il appartiendra ; SALUT. Notre amé le Sieur *D. L.* $_*^*{}_*$, Nous a fait exposer qu'il désireroit faire imprimer & donner au Public un Ouvrage de sa composition , intitulé : *le Diadéme des Sages* , s'il nous plaisoit lui accorder nos Lettres de Permission pour ce nécessaires. A CES CAUSES, voulant favorablement traiter l'Exposant, nous lui avons permis & permettons par ces Présentes , de faire imprimer ledit Ouvrage autant de fois que bon lui semblera, & de le faire vendre & débiter par tout notre Royaume, pendant le tems de cinq années consécutives, à compter du jour de la date des Présentes. Faisons défenses à tous Imprimeurs, Libraires & autres personnes, de quelque qualité & condition qu'elles soient, d'en introduire d'impression étrangere dans aucun lieu de notre obéissance. A la charge que ces Présentes seront enregistrées tout au long sur le Registre de la Communauté des Imprimeurs & Libraires de Paris, dans trois mois de la date d'icelles : que l'impression dudit Ouvrage sera faite dans notre Royaume, & non ailleurs, en bon papier & beaux caracteres ; que l'Impétrant se conformera en tout aux Réglemens de la Librairie, & notamment à celui du 10 Avril 1725, & à l'Arrêt de notre Conseil du 30 Aout 1777, à peine de déchéance de la présente Permission ; qu'avant de l'exposer en vente, le Manuscrit qui aura servi de copie à l'impression dudit Ouvrage, sera remis dans le même état où l'Approbation y aura été donnée, ès mains de notre très-cher & féal Chevalier Garde des Sceaux de France, le Sieur Hue de Miromesnil, Commandeur de nos Ordres ; qu'il en sera ensuite remis deux Exemplaires dans notre Bibliothéque publique ; un dans celle de notre Château du Louvre, un

dans celle de notre très-cher & féal Chevalier
Chancelier de France, le Sieur de MEAUPEOU,
& un dans celle dudit fieur HUE DE MIROMES-
NIL; le tout à peine de nullité des Préfentes :
du contenu defquelles vous mandons & enjoi-
gnons de faire jouir ledit Expofant & fes ayans
caufes, pleinement & paifiblement, fans fouffrir qu'il leur foit fait aucun trouble ou empê-
chement. VOULONS qu'à la copie des Préfentes,
qui fera imprimée tout au long, au commencement ou à la fin dudit Ouvrage, foi foit
ajoutée comme à l'original. Commandons au
premier notre Huiffier ou Sergent fur ce re-
quis, de faire pour l'exécution d'icelles, tous
Actes requis& néceffaires, fans demander autre
permiffion, & nonobftant clameur de Haro,
Charte Normande, & Lettres à ce contraires.
CAR tel eft notre plaifir. DONNÉ à Paris, le
deuxieme jour du mois de Mai, l'an de grace
mil fept cent quatre-vingt-un, & de notre Rè-
gne le feptième. Par le Roi en fon Confeil.

Signé, LE BEGUE.

*Régiftré fur le Régiftre XXI de la Chambre
Royale & Syndicale des Libraires & Imprimeurs
de Paris, n°. 2278, folio 501, conformément
aux difpofitions énoncées dans la préfente Permiffion, & à la charge de remettre à ladite Cham-*

bre ; les huit exemplaires preſcrits par l'Article CVIII du Réglement de 1723. A Paris, ce 18 Mai 1781.

LE CLERC, Syndic.

Achevé d'imprimer, pour la premiere fois, le 20 Octobre 1781.

De l'Imprimerie de QUILLAU, Imprimeur de S. A. S. Mgr. le Prince DE CONTY, rue du Fouare.

www.ingramcontent.com/pod-product-compliance
Lightning Source LLC
LaVergne TN
LVHW010957180726
843502LV00004B/1230